박경호히브리어번역성경

GENESIS
창세기

신앙의 출발 : 믿음

"전무후무한 성경"

"히브리어 원어를 번역하여
KJV 및 개역개정의 오번역을 완벽하게 정정한 성경"

세계 최초 1:1 대응 번역

Ben Chayyim Masoretic Text (1524~25)
한글번역 박경호(2019~22년)

히브리어 헬라어 번역 출판사

역자 **박경호**

- 서울대학교 졸업
- 서울대학교 대학원 졸업
- 대한예수교 장로회 합동해외총회 목사임직
- 현) 히브리어 & 헬라어 번역원 원장
- 현) 4GospelChurch 담임목사

역서 譯書

- 박경호헬라어번역성경 : 마태복음
- 박경호헬라어번역성경 : 누가복음
- 박경호헬라어번역성경 : 마가복음
- 박경호헬라어번역성경 : 요한복음
- 박경호헬라어번역성경 : 요한계시록
- 박경호헬라어번역성경 : New 마태복음
- 박경호헬라어번역성경 : New 누가복음
- 박경호헬라어번역성경 : New 마가복음
- 박경호헬라어번역성경 : New 요한복음
- 박경호헬라어번역성경 : New 요한계시록
- 박경호헬라어번역성경 : 로마서

유관 기관 수상경력
AWARDS AND HONORS

창
세
기

신앙의 출발 : 믿음

JESUS

In the name of Jesus Christ Lord Amen

박경호히브리어번역성경
창세기 1장 창조 이야기

1절

처음에 하나님들이 두하늘 그리고 땅을 창조하셨습니다.

세상에!
하나님 외에는 아무것도 존재하지 않았습니다.

성경의 주인공이신,
하나님 자신이
우리가 보는 우주를 만드셨다고 선언하시는 것입니다.

여기서, 두하늘은 우주를 의미하며,
땅은 지구를 의미하는데
앞으로 이 내용이 증명될 것입니다.

2절

땅이 되었습니다. 공허와 비어있음과 어두움이 깊음의 표면 위에 있었고, 하나님들의 존재는 물의 표면 위에 운행하시고 있었습니다.

하나님께서 가장 먼저 창조하신 것은,
지구와 우주 공간과 지구를 덮는 물입니다.

이 세 가지 중에,
가장 먼저 무엇을 만드셨는지는 알 수 없지만,
아마도,
지구를 가장 먼저 만드시고,
우주 공간을 만드시고
그 후에 지구를 덮는 물을 만드셨다고 생각합니다.

우주 공간은!
1. 공허
뚫려있다는 뜻입니다.

2. 비어있음
아무것도 없었기에 태양이나 달이나 별 같은 천체가 없다는 의미입니다.

3. 어두움
빛이 전혀 없는 캄캄한 상태입니다.
현대 과학은 이 어두움의 실제 원인을 우주 팽창으로 보지만,
저는 이 어두움의 또 하나의 원인을
우주 질량의 25%에 해당하는 암흑물질로 이해합니다.
(우주에서 천체의 무게는 5%이며, 미지의 암흑에너지의 무게가 70%입니다)

그 가운데서도!
하나님은 계속 일하고 계셨는데!
바닷물의 움직임을 통하여,
보이지 않는 하나님의 존재가 나타나지신 것입니다.

또 한 가지 가능성은!
지구 표면 암석들이 바닷물과의 수천수십억 년의 풍화작용으로
흙이 되는 시간일 수도 있습니다.

3절

하나님들이 말씀하셨습니다. "광명이 되어라." 광명이 되었습니다. 하나님들이 광명을 보셨는데 선했습니다. 하나님들이 광명과 어두움 사이를 분리하게하셨습니다. 하나님들이 광명을 낮이라 부르셨으며, 어두움을 밤이라 부르셨습니다. 저녁이 되었으며, 아침이 되었습니다. 첫째 날입니다.

통상 "빛이 있어라!"
라고 번역되는 히브리어 원어는!
[빛] 또는 [광명]이 [있어라!]
또는 [되어라!]입니다.

2절에서,
지구나 그 지구를 덮는 바다나 우주 공간의 내용이 있을 뿐만 아니라,

6절에서
태양과 달과 별은
넷째 날 창조되었기 때문에,
"빛이 되어라!"
또는 "광명이 되어라!"
라고 번역되어야 합니다.

문제는!
무엇이 빛이 되느냐 광명이 되느냐는 것입니다.
저는 당연히!
2절에서 이미 만들어진 땅
곧 지구가
빛 또는 광명이 되어야 한다고 번역한 것입니다.

그런데!
만약 "지구가 빛이 되어라!"라고 한다면,
'지구 = 빛'이 되는 비과학이 되기 때문에,
"지구 너는! 광명 곧 빛을 내는 물체가 되어라!"
라는 내용이 훨씬 과학적으로
정확한 표현이 된다고 생각합니다.

중요합니다!
창세기 1장 3절은!
이미 창조하신 땅 곧 지구가 광명이 되어!
마치
지구(현재는 행성)이 태양(항성)처럼
빛을 발하는 물체가 되는 변화가!
천지창조 첫날 일어난 것입니다.

3^절

이때!
지구를 덮는 바다는 수증기가 되어
지구 중력 범위 내 우주로 퍼졌을 것이며,
다시 지구의 열기가 식어가기 시작하면서
우주에 퍼졌던 수증기가 지구로 가라앉으며,
다시 바다를 형성했을 것입니다.

지구의 대부분의 물이
지구의 중력으로 가라앉고,
어느 정도의 물이 지구 주변에 수증기로 둘러싸여져 있을 때,
지구의 모습은!
처음과 같지 않지만
아직 여전히 빛을 발하기 때문에 낮이라 부르신 것이며,
반대로 지구를 제외한 우주 공간은 여전히 어둡기 때문에
밤이라고 부르신 것입니다.

어쩌면,
지구 주변의 수증기에 빛의 반사 및 산란을 통하여
밝은 부분을 낮이라 부르셨을 수도 있으며,
반대로 수증기가 없는 부분은
빛의 반사가 없기에 어둡게 보여서
밤이라고 부르셨을 수도 있습니다.

저녁이 되고 아침이 되었다는 의미는!
하루가 천년 같고 천년이 하루 같으신 하나님도!
인간과도 같이 일하심의 단위를 의미하는 것이지!
실제로 현재의 1일을 의미할 수 없는 것이 분명한데!
아직! 태양이 만들어지지 않았기 때문입니다.

4절

아직 지구를 향해,
모든 수증기가 바다와 합류하기 전에,
산소와 질소로 구성된
현재의 대기권에 있는
눈에 보이지 않는 물질로!

즉,
바닷물과 지구 주변에 가득 찬 수증기를 나누시며
이것을 궁창이라고 부르십니다.

산소가 희박한 지구 바깥에
수증기층이 머물며,
점점 지구의 온도가 떨어지면서
수증기층은 물의 밀도가 높아집니다.

사람이나 식물이나 동물이 숨을 쉬며 살 수 있는 공기층!
이것을
궁창이라고 부르셨으며!

결국 궁창은!
수증기층과 지구 사이의 하늘과!
수증기층 바깥의 하늘로
두 개로 나누어지게 된 것입니다.

성경에서!
하늘이 쌍수로 표현된 이유는!
이 두 개의 하늘에서 유래하였다고 생각하며!

하늘들!
3개 이상의 복수는
영계의 하늘로 이해하는 것입니다.

이제!
지구 주변의 수증기층은!
지구 온도를 일정하게 유지시키는 역할!
곧
지구 보온효과(북극이나 남극이나 적도나 거의 동일한 온도)를
발휘하게 됩니다.

북극에도 남극에도,
열대 화석들이 발견되는 것은 이것 때문입니다.

저녁이 되고 아침이 되는!
둘째 날의 길이가
수천 년일지
수만 년일지
수십억 년일지는
아무도 모릅니다.

5절

하나님들이 말씀하셨습니다. "두하늘 아래의 물이 한 지역으로 모여진다. 육지가 보여진다." 그것이 그대로 되었습니다. 하나님들이 육지를 땅이라 부르셨으며, 물의 모여있음을 바다라 부르셨습니다. 하나님들이 보셨는데 선했습니다. 하나님들이 말씀하셨습니다. "땅은 풀을, 씨를 씨뿌리게하는 채소를, 과일을 만드는 과일 나무를, 그 안에 씨가 있는 그 종류대로 땅 위에 내게한다." 그것이 그대로 되었습니다. 땅이 풀을, 씨를 씨뿌리게하는 채소를 그 종류대로, 씨가 그 안에 있는 과일을 만드는 나무를 그 종류대로 나오게하셨습니다. 하나님들이 보셨는데 선했습니다. 저녁이 되었으며, 아침이 되었습니다. 셋째 날입니다.

바다에 잠겼던 지구의 지각변동이 시작됩니다.
지각층과 멘틀층이 한 쪽에서는 솟아오르며
한 쪽에서는 가라앉는 것입니다.

겉으로 볼 때 지구는,
마그마를 함유하는 반유동체 멘틀과 고체인
지각층으로 쌓여있지만,
지구의 내부가 액체이기에 융기와 가라앉음이
얼마든지 가능하기에 바닷물이 식으면서!
바다 표면 위로 육지가 솟아올라오는데!
한 개의 거대한 대륙으로 올라오며
마찬가지로
바다도 한 개의 더 깊어진 바다로 남게 됩니다.

이렇게 한 개의 대륙이었던 때의
육지를 '판게아'라고 부르는데!
이 판게아가 노아 홍수의 지각변동과
그 이후
한 번 더 지각변동을 거쳐
현재의 6대 주가 됩니다.

육지는 아주 오랜 세월!
바닷물 속에 있었기 때문에
흙에 수분이 많이 함유되어 있었습니다.

뜨거웠던 지구가 점점 식으면서!
풀과 채소와 나무들의 씨가
흙 속에서 발아하기 시작합니다.
(현재도 지구의 지각층 밑은 뜨거운 불덩어리란 사실이,
과거 지구 전체가 불덩어리였을 가능성을 여실히 보여주는 것입니다)

비록 아직
태양이 만들어지지 않았기에
빛이 없다 해도,
적당한 산소와 물과
적당한 온도로 발아한 씨가
자라서 올라오기 시작합니다.

태양빛으로 광합성이 필요한
시점이 다가오며,
이때의 하루는
예상보다 짧을 수도 있었을 것입니다.

6절

하나님들이 말씀하셨습니다. "낮과 밤 사이를 분리하게하도록, 두하늘의 궁창에 광체들이 되어라." 표징들과 절기들과 날들과 연수들이 되었습니다. 땅 위에 비추게하도록, 두하늘의 궁창에, 광체들이 되었습니다. 그것이 그대로 되었습니다. 하나님들이 두 개의 큰 광체들 곧 낮의 주관자인 큰 광체 그리고 밤의 주관자인 작은 광체 그리고 별들을 만드셨습니다. 땅 위에 비추게하도록, 낮과 밤을 다스리도록, 광명과 어두움 사이를 분리하게하도록, 하나님들이 그것들을 두하늘의 궁창에 두셨습니다. 하나님들이 보셨는데 선했습니다. 저녁이 되었으며, 아침이 되었습니다. 넷째 날입니다.

드디어!
식물에 광합성이 필요한
절대적인 시간에 태양이 탄생됩니다.
달도 태양계의 행성들도 지구가 속한 은하계도
지구 밖의 은하계들도 모두 탄생합니다.

이제까지 지구밖에 없는 우주 공간에!
2,000억 개의 우리은하의 별들과
2,000억 개 이상의 은하계들로 상상할 수 없는 아름다움입니다!

지구는 자전을 시작하며!
낮과 밤을 만들어 하루라는 날을 만들고!
태양을 한 바퀴 공전하면서 절기와 1년을 만들어냅니다.

태양계도!
8개의 행성들과 소행성들과 혜성들이 태양을 돌며!

지구에 떨어지는!
운석들 및 소행성들은 징조를 만들어
지구의 운명을 바꾸어놓으며!

각종 별들도!
탄생되고 소멸하며
블랙홀이 되는 별들의 순환과!
거대한 태양계도
은하계 중심을 돌며!

우주에 속한
모든 은하계들도
우주의 중심을 일제히 회전합니다.

우주의 모든 천체들이!
모두 시계 반대 방향으로
자전과 공전을 하는 이 거대함은!
하나님 자신의 어머어마한
큰 영광을 천체를 통하여
드러내시는 것입니다.

태양의 탄생으로!
지구의 모든 수목이 울창하게 자라기 시작합니다.

황톳빛 육지가!
점점 녹색의 아름다운 지구로 바뀌어 갑니다!

7절

하나님들이 말씀하셨습니다. "물은 살아있는 활동 목숨으로 활동하게하며, 새는 땅 위와 두하늘의 궁창의 표면 위를 난다." 하나님들이 물에서 활동할 큰 파충류들 그리고 헤엄치는 모든 생명의 목숨을 그것들의 종류대로 그리고 날개의 모든 새를 그 종류대로 창조하셨습니다. 하나님들이 보셨는데 선했습니다. 하나님들이 그것들을 축복하여 말씀하셨습니다. "너희는 다산하라! 너희는 많아져라! 너희는 바다에 물에 채워져라! 새는 땅에 많아져라." 저녁이 되었으며, 아침이 되었습니다. 다섯째 날입니다.

여기서 큰 파충류는!
공룡을 포함하는 현재의 파충류입니다!

물론 공룡들은,
사람이 창조되기 전에 멸종됩니다.

파충류 및 바다에 헤엄치는 어류들과
하늘을 나는 조류들이 창조됩니다.
이들은 지구환경의 변화에 따라,
대부분의 많은 종들이 멸종되어 지구에서 사라졌습니다.

이제,
동물과 식물, 모든 생물들 각각의 종들은,
아종 및 품종으로 계속 변이해가며
그 다양성이 증가해갑니다.

8절

하나님들이 말씀하셨습니다. "땅은 살아있는 목숨을 그 종류대로 곧 짐승과 기는 것과 땅의 생명을 그 종류대로 나오게 하라." 그것이 그대로 되었습니다. 하나님들이 땅의 생명을 그 종류대로 그리고 짐승을 그 종류대로 그리고 토지의 모든 기는 것을 그 종류대로 만드셨습니다. 하나님들이 보셨는데 선했습니다. 하나님들이 말씀하셨습니다. "우리가 우리 형상으로, 우리 모양으로 인간을 만들려한다. 그들이 바다의 물고기를, 두 하늘의 새를, 짐승을, 땅의 모든 것을, 땅 위에 기는 모든 기는 것을 다스린다." 하나님들이 인간을 자기 형상 곧 하나님들의 형상으로 창조하셨습니다. 그분이 그를 남성과 여성으로 창조하셨습니다. 그분이 그들을 창조하셨습니다. 하나님들이 그들을 축복하셨습니다. 하나님들이 그들에게 말씀하셨습니다. "너희는 다산하라! 너희는 많아져라! 너희는 땅에 채워져라! 너희는 그것을 정복하라! 너희는 바다의 물고기와 두하늘의 새와 땅 위에 기는 모든 생명을 다스려라!" 하나님들이 말씀하셨습니다. "오! 내가 너희에게 땅의 모든 표면 위에 있는 씨를 씨뿌리는 모든 채소 그리고 씨를 씨뿌리는 나무의 과일이 있는 모든 나무를 주었다. 너희에게 그것이 양식으로 된다. 땅의 모든 생명과 두하늘의 모든 새와 목숨 생명이 있는 땅 위에 기는 모든 것에게는, 모든 채소의 나물이 양식으로 된다." 그것이 그대로 되었습니다. 하나님들이 만드신 모든 것을 보셨는데, 오! 매우 선했습니다. 저녁이 되었으며, 아침이 되었습니다. 여섯째 날입니다.

여섯째 날!
포유류들과 곤충류들이 창조됩니다.

또한,
파충류와 어류와 조류와 포유류와 곤충류들을
다스리도록 인간이 창조됩니다.

저는,
다아윈이 발견한,
인간과 유사한 두개골들은 멸종된 '유사 인간'이라고 이해합니다.

그들은 단순한 동물의 일종으로서,
현재 우리와 같은 영적인 인간이 아닌, 유사 인간입니다.

왜냐하면,
하나님께서 동물류 중에는 아담에게만 생기(영)을 불어넣으셨으며,
영적인 인간이 지구를 다스리도록 인간에게만
언어와 지혜와 그 능력을 주셨기 때문입니다.

동물과 달리,
인간은 영혼불멸이며 육은 흙으로 돌아가지만,
영은 영원히 어딘가에는 남게 됩니다.

인간은 동물과는 달리!
하나님의 형상 곧 영을 갖고 있는 육으로 창조됩니다.

노아 전까지는!
인간은 채소와 과일만이 주식이었으며
동물을 먹지 말아야 했습니다.

17

마찬가지로!
노아 홍수 전까지는
동물도 식물만을 먹도록 되어 있었습니다.

그럼에도 불구하고,
아담의 범죄로
인간도 동물들도 물고기들도,
하나님의 창조의 질서를 깨고
다른 동물들을 먹기 시작했으며,

노아 홍수 이후!
하늘의 수면층이 사라져 보온효과가 없어졌으며
추위와 더위 및 뚜렷한 계절적인 변화로!
온도 변화에 따른 과량의 칼로리 소모로!
채식인 인간과 동물이 잡식 내지 육식으로 변화 적응합니다.

9절

두하늘과 땅과 그들의 모든 만유가 마쳐졌습니다. 하나님들이 만드셨던 자신의 업무를 일곱째 날에 마치셨습니다. 그분은 만드셨던 자신의 모든 업무에서 일곱째 날에 안식하셨습니다. 하나님들이 일곱째 날을 축복하셨으며 그 날을 거룩하게하셨는데, 하나님들이 만드셔서 창조하신 자신의 모든 업무에서 그 날 안식하셨기 때문입니다.

제7일째!
창조의 일을 끝마치시고
안식에 들어가신 하나님에게!
이날도 동일한 하루인데!
"저녁이 되었으며, 아침이 되었습니다. 일곱째 날입니다."
라는 말이 없습니다.

이것은!
7은 구원 숫자 곧 하나님에게 안식이란
구원의 역사임을 의미하기 때문입니다.

이제 앞으로 타락할 인간들을!
안식 곧 구원하시는 일이 남아있고
아직 끝나지 않았으며,
일곱째 날은!
예수님의 재림을 통하여 끝나는 것입니다.

자연계가 모두 사라지고!
새 하늘과 새 땅이 도래되는 재림천국이 올 때까지가!
일곱째 날에 해당되며!
아담부터 재림까지의 기간입니다.

당연히!
일곱째 날을 축복하신 것이며,
이날을 거룩하게 하신 것이며!
자연계의 창조가 아닌!
자연계에서 영계 곧 재림천국의 과도기가 되는
창조의 목적이 이루어지는 날이기 때문입니다.

!!! 할렐루야 !!!

여기까지가!
제가 번역하고 이해한 창세기 1장입니다.

1:1한글 대응으로,
가급적 히브리어 한 단어에
한글 한 단어를 선정하였으며,
원어 원래의 의미를
우리말로 그대로 표현하는데
창세기만으로도 4년이 넘는, 오랜 시간이 걸렸고
또한 구약 마지막인 말라기까지
앞으로 20-30년의 번역 기간이 필요하기에,
[전무후무한 성경]이란 부제목을 달았습니다.

KJV 및 개역개정의 수 만개의 오번역이 수정된 이 책은,
분명 예수님의 작품입니다!

2022년 08월 15일

[4GospelChurch 담임목사]
[히브리어&헬라어 번역원 원장]   박경호

20

전무후무한 성경

창세기 성경 번역 사상 최초, 이제껏 발견하지 못한 놀라운 진리들이 '박경호히브리어번역성경 창세기'에서 하나하나 펼쳐지고 있습니다!

갈릴레오 갈릴레이의 "그래도 지구는 돈다." 같은 믿기지 않는, 이제껏 발견하지 못한 새로운 사실들이 이 책을 읽으시는 누구에게나 놀라운 흥분들로 다가올 것이며, 기존에 창세기를 읽어보신 분들이라면 '창세기가 이런 내용이었어?' 하고 놀라움을 금치 못할 것이며, 처음 창세기를 접하시는 분들도 쉽고도 흥미진진한 내용에 눈을 뗄 수가 없을 것입니다.

1 구약 히브리어 창세기를 직역하되, 히브리어의 특성(남성, 여성, 단수, 쌍수, 복수, 시제 표현 등)을 한글 단어에 그대로 입혀서 번역하였으며,[예1] 의미의 손상이 전혀 없는 복수의 경우는 보기 쉽도록 가급적 단수로 표현하였습니다.[예2]

▶ **예 1)** 하나님 → 하나님들, 하늘 → 두하늘(쌍수), 하늘들(복수)

▶ **예 2)** 물들 → 물, 바다들 → 바다, 후대들 → 후대

2 원어 한 단어가 두 단어 이상으로 번역될 경우, 한글맞춤법보다는 원어의 특성을 살려 한 글자 또한 한 단어가 되도록, 붙여쓰기하였습니다.

▶ **예)** 제물 드렸습니다 → 제물드렸습니다

많아지게 하십시오 → 많아지게하십시오

3 개역개정과 장은 동일하되, 절은 내용과 의미, 문장 흐름에 맞추어 새
롭게 구성하였기에 각 절은 기존 번역서들에 비해 다소 긴 특성을 지니
고 있습니다. 또한 각 장마다 영적인 통찰력이 있는 소제목을 붙여 영
적인 이해도를 높였습니다.

4 고어체와 서술체가 아닌 경어체와 대화체를 사용하였으며, 문장에서
자연스러운 의미를 고려한 의역이 아닌, 부자연스럽고 어색하지만 있
는 뜻 그대로를 직역하여, 읽는 분들이 마치 스크린을 보는 듯 생동감
있게 원문의 원래 의미가 최대한 전해지도록 하였습니다.

5 히브리어 한 단어의 어원 · 어근 연구와 수많은 용례들을 비교 분석하
여 원어의 원래 뜻 그대로의 의미로 단어를 재규명하여 더욱 선명하고
정확한 단어들이 탄생하였습니다.

> ▶ 예) 히브리어 스트롱번호 6629 양 또는 떼 → 양염소떼
> 히브리어 스트롱번호 8655 드라빔 → 치유행운신상

6 머리말에서 이미 서술하였듯, 천지창조의 구절(1절~9절)을 통해 하나님
의 첫째 날, 둘째 날 등은 인간의 시간적인 하루하루가 아니라 천년을
하루같이 생각하시는 하나님 입장에서의 '날'에 대한 개념으로 이해할
수가 있으며, 기존에 익히 알고 있는 야곱의 돌베개 베고 자는 장면, 한
남자와 씨름하는 장면, 야곱이 형 에서에게 예물을 드리는 장면 등은
원어 직역과 1:1대응 번역을 통해 훨씬 정확하게 재조명되어집니다.

목차

목
차

28

GENESIS

장

1절~9절 [개역개정, KJV 1:1~2:3]

천지창조

1장

창세기

개역개정, KJV

1

1:1

처음에 하나님들이 두하늘 그리고 땅을 창조하셨습니다.

2

1:2

땅이 되었습니다. 공허와 비어있음과 어두움이 깊음의 표면 위에 있었고, 하나님들의 존재는 물의 표면 위에 운행하시고 있었습니다.

3

1:3~5

하나님들이 말씀하셨습니다. "광명이 되어라." 광명이 되었습니다. 하나님들이 광명을 보셨는데 선했습니다. 하나님들이 광명과 어두움 사이를 분리하게하셨습니다. 하나님들이 광명을 낮이라 부르셨으며, 어두움을 밤이라 부르셨습니다. 저녁이 되었으며, 아침이 되었습니다. 첫째 날입니다.

4

1:6~8

하나님들이 말씀하셨습니다. "물의 가운데에 궁창이 되어라. 물과 물 사이를 분리하게 되어라." 하나님들이 궁창을 만드셨으며, 궁창 아래에 있는 물과 궁창 위에 있는 물 사이를 분리하게하셨습니다. 그것이 그대로 되었습니다. 하나님들이 궁창을 두하늘이라 부르셨습니다. 저녁이 되었으며, 아침이 되었습니다. 둘째 날입니다.

5
👆
1:9~13

하나님들이 말씀하셨습니다. "두하늘 아래의 물이 한 지역으로 모여진다. 육지가 보여진다." 그것이 그대로 되었습니다. 하나님들이 육지를 땅이라 부르셨으며, 물의 모여있음을 바다라 부르셨습니다. 하나님들이 보셨는데 선했습니다. 하나님들이 말씀하셨습니다. "땅은 풀을, 씨를 씨뿌리게하는 채소를, 과일을 만드는 과일 나무를, 그 안에 씨가 있는 그 종류대로 땅 위에 내게한다." 그것이 그대로 되었습니다. 땅이 풀을, 씨를 씨뿌리게하는 채소를 그 종류대로, 씨가 그 안에 있는 과일을 만드는 나무를 그 종류대로 나오게하셨습니다. 하나님들이 보셨는데 선했습니다. 저녁이 되었으며, 아침이 되었습니다. 셋째 날입니다.

6
👆
1:14~19

하나님들이 말씀하셨습니다. "낮과 밤 사이를 분리하게하도록, 두하늘의 궁창에 광체들이 되어라." 표징들과 절기들과 날들과 연수들이 되었습니다. 땅 위에 비추게하도록, 두하늘의 궁창에, 광체들이 되었습니다. 그것이 그대로 되었습니다. 하나님들이 두 개의 큰 광체들 곧 낮의 주관자인 큰 광체 그리고 밤의 주관자인 작은 광체 그리고 별들을 만드셨습니다. 땅 위에 비추게하도록, 낮과 밤을 다스리도록, 광명과 어두움 사이를 분리하게하도록, 하나님들이 그것들을 두하늘의 궁창에 두셨습니다. 하나님들이 보셨는데 선했습니다. 저녁이 되었으며, 아침이 되었습니다. 넷째 날입니다.

7
☞
1:20~23

하나님들이 말씀하셨습니다. "물은 살아있는 활동 목숨으로 활동하게하며, 새는 땅 위와 두하늘의 궁창의 표면 위를 난다." 하나님들이 물에서 활동할 큰 파충류들 그리고 헤엄치는 모든 생명의 목숨을 그것들의 종류대로 그리고 날개의 모든 새를 그 종류대로 창조하셨습니다. 하나님들이 보셨는데 선했습니다. 하나님들이 그것들을 축복하여 말씀하셨습니다. "너희는 다산하라! 너희는 많아져라! 너희는 바다에 물에 채워져라! 새는 땅에 많아져라." 저녁이 되었으며, 아침이 되었습니다. 다섯째 날입니다.

8
☞
1:24~31

하나님들이 말씀하셨습니다. "땅은 살아있는 목숨을 그 종류대로 곧 짐승과 기는 것과 땅의 생명을 그 종류대로 나오게하라." 그것이 그대로 되었습니다. 하나님들이 땅의 생명을 그 종류대로 그리고 짐승을 그 종류대로 그리고 토지의 모든 기는 것을 그 종류대로 만드셨습니다. 하나님들이 보셨는데 선했습니다. 하나님들이 말씀하셨습니다. "우리가 우리 형상으로, 우리 모양으로 인간을 만들려한다. 그들이 바다의 물고기를, 두하늘의 새를, 짐승을, 땅의 모든 것을, 땅 위에 기는 모든 기는 것을 다스린다." 하나님들이 인간을 자기 형상 곧 하나님들의 형상으로 창조하셨습니다. 그분이 그를 남성과 여성으로 창조하셨습니다. 그분이 그들을 창조하셨습니다. 하나님들이 그들을 축복하셨습니다. 하나님들이 그들에게 말씀하셨습니다. "너희는 다산하라! 너희는 많아져라! 너희는 땅에 채워져라! 너희는 그것을 정복하라! 너희는 바다의 물고기와 두하늘의 새와 땅 위에 기는 모든 생명을 다스려라!" 하나님들이 말씀하셨습니다. "오! 내가 너희에게 땅의 모든 표면 위에 있는 씨를 씨뿌리는 모든 채소 그리고 씨를 씨뿌리는 나무의 과일이 있는 모든 나무를 주었다. 너희에게 그것이 양식으로 된다. 땅의 모든 생명과 두하늘의 모든 새와 목숨 생명이 있는 땅 위에 기는 모든 것에게는, 모든 채소의 나물이 양식으로 된다." 그것이 그대로 되었습니다. 하나님들이 만드신 모든 것을 보셨는데, 오! 매우 선했습니다. 저녁이 되었으며, 아침이 되었습니다. 여섯째 날입니다.

9
🖐
2:1~3

두하늘과 땅과 그들의 모든 만유가 마쳐졌습니다. 하나님들이 만드셨던 자신의 업무를 일곱째 날에 마치셨습니다. 그분은 만드셨던 자신의 모든 업무에서 일곱째 날에 안식하셨습니다. 하나님들이 일곱째 날을 축복하셨으며 그 날을 거룩하게하셨는데, 하나님들이 만드셔서 창조하신 자신의 모든 업무에서 그 날 안식하셨기 때문입니다.

GENESIS

2장

10절~16절 [개역개정, KJV 2:4~2:25]

인간 창조

2장

창세기

개역개정, KJV

10	다음은 여호와 하나님들이 땅과 두하늘을 만드신 날에 창조

2:4

된 두하늘과 땅의 후대입니다.

11

2:5~6

여호와 하나님들이 땅 위에 비내리게하지 않으셨으며, 토지를 섬기는 인간이 없었기에, 들의 모든 수풀이 땅에 있기 전에, 들의 모든 채소가 자라기 전에, 안개가 땅에서 올라와 모든 토지의 표면을 적시게하셨습니다.

12

2:7~9

여호와 하나님들이 토지에서 흙으로 인간을 조성하셨으며, 그의 코들에 생명들의 숨을 불으셨습니다. 인간이 살아있는 영혼이 되었습니다. 여호와 하나님들이 에덴에 동쪽에 동산을 심으셨으며, 조성하신 인간을 그곳에 두셨습니다. 여호와 하나님들이 모양에서 탐스러우며, 식사에 선한 모든 나무 및 동산의 가운데에 생명들의 나무 및 선하고 악한 지식의 나무를 그 토지에서 자라게하셨습니다.

13

☝

2:10~15

에덴에서 나온 강이 동산을 적시게하였으며, 그곳에서 그것이 나뉘어져 4머리가 되었습니다. 첫째의 이름은 비손이며, 그것은 금이 있는 하윌라의 모든 땅을 돌았습니다. 그 땅의 금은 선하며 그곳에는 진주와, 호마노의 돌이 있었습니다. 두 번째 강의 이름은 기혼이며, 그것은 구스의 모든 땅을 돌았습니다. 세번째 강의 이름은 힛데겔이며, 그것은 앗수르의 동편을 진행하였습니다. 네번째 강 그것은 유브라데였습니다. 여호와 하나님들이 인간을 데려왔으며, 에덴의 동산에 머물며 지키게하려고 그것을 섬기게하셨습니다.

14

☝

2:16~17

여호와 하나님들이 인간에게 명령하여 말씀하셨습니다. "동산의 모든 나무는 네가 먹고 먹는데, 선하고 악한 지식의 나무, 그것에서 먹지 말라. 네가 그것에서 먹는 날, 너는 죽고 죽는다."

15

☝

2:18~21

여호와 하나님들이 말씀하셨습니다. "인간이 혼자 있는 것이 선하지 않으니, 내가 그의 마주하는 돕는자를 그를 위해 만든다." 여호와 하나님들이 토지에서 들의 모든 생명 그리고 두하늘의 모든 새를 조성하셨으며, 그가 그것을 무엇이라 부르는지 보시려고 인간에게 오게하셨습니다. 인간이 살아있는 목숨을 부르는 대로 모두, 그것이 그의 이름이었습니다. 인간이 모든 짐승과 두하늘의 새와 들의 모든 생명에게 이름들을 불렀지만, 인간이 자기의 마주하는 돕는자를 발견하지 못했습니다. 여호와 하나님들이 인간에게 숙면을 떨어뜨리게하셨습니다. 그가 잠들었습니다. 그분이 그의 편들 중 하나를 가져오셨으며, 그 대신 몸으로 닫으셨습니다.

16
👆
2:22~25

여호와 하나님들이 인간에서 가져오신 그 편으로 여자를 건축하셨습니다. 그분이 인간에게 그녀를 오게하셨습니다. 인간이 말했습니다. "이번에는 내 뼈들 중에 뼈이며, 내 몸 중에 몸이다. 이녀가 남자에서 가져와졌으니, 이녀는 여자라 불린다." 그렇게해서 남자가 자기 아버지 그리고 자기 어머니를 떠나, 자기 여자와 들러붙을 것이며 한 몸이 될 것입니다. 인간과 그의 여자, 그들 둘이 벌거벗고 있었으나, 그들은 스스로 부끄러워하지 않습니다.

3 장

17절~**23**절 [개역개정, KJV 3:1~3:24]

인간 타락

3장

창세기

👆 개역개정, KJV

17

👆

3:1~5

여호와 하나님들이 만드신 들의 모든 생명 중에 뱀이 지혜로 웠는데, 여자에게 말했습니다. "정말로, 하나님들이 동산의 모든 나무를 너희가 먹지 말라고 말씀하신 것이냐?" 여자가 뱀에게 말했습니다. "우리는 동산의 나무의 과일은 먹지만, 동산의 가운데 있는 나무의 과일에 대해, 하나님들이 말씀하셨다. '너희가 그것에서 먹지 말고, 그것을 만지지 말라. 너희가 죽지 않기 위함이다.'" 뱀이 여자에게 말했습니다. "너희가 죽지 않고 죽지 않는다. 너희가 그것에서 먹는 날, 너희 두 눈이 밝아질 것이며, 너희가 선과 악을 아는, 하나님들 같이 될 것을, 하나님들이 아시기 때문이다."

18

👆

3:6~7

여자가 보았는데, 그 나무가 식사에 선하기에 또한 그것은 두 눈에 소원이며, 지혜롭게행하게하는 탐스러운 나무이기에, 그것의 과일을 가져왔습니다. 그녀가 먹었으며, 자기와 함께 하는 자기 남자에게도 주었습니다. 그가 먹었습니다. 그들 둘의 두눈이 밝아졌습니다. 그들은 자기들이 벗은 것을 알았으며, 무화과의 잎을 꿰매었으며, 자신들에게 띠들을 만들었습니다.

19

✋

3:8~10

낮의 존재로, 동산에서 스스로 동행하시는 여호와 하나님들의 음성을 그들이 들었습니다. 인간과 그의 여자가 여호와 하나님들의 얼굴에서 동산의 나무 가운데 스스로 숨었습니다. 여호와 하나님들이 인간을 부르셨으며 그에게 말씀하셨습니다. "네가 어디있느냐?" 그가 말했습니다. "당신의 음성을 제가 동산에서 들었지만, 제가 벗었기에 두려워하였으며 숨겨졌습니다."

20

✋

3:11~13

그분이 말씀하셨습니다. "누가 네가 벗었다는 것을 네게 알게하였느냐? 내가 네게 먹지 말라고 명령한 나무에서, 그것에서 네가 먹었느냐?" 인간이 말했습니다. "당신이 제게 주신 여자, 그녀가 나무에서 제게 주었으며, 제가 먹었습니다." 여호와 하나님들이 여자에게 말씀하셨습니다. "왜 너는 이것을 행하였느냐?" 여자가 말했습니다. "뱀이 나를 속게하였으며, 제가 먹었습니다."

21

✋

3:14~15

여호와 하나님들이 뱀에게 말씀하셨습니다. "네가 이것을 행하였으니, 너는 모든 짐승과 들의 모든 생명 중에 저주받아, 네 배에 가며, 네 생명들의 모든 기간에 흙을 먹는다. 나는 너와 여자 사이에, 네 자손과 그녀의 자손 사이에 원수가 되게 한다. 그는 네 머리를 상하게하며, 너는 그의 발꿈치를 상하게한다."

22

☝
3:16~20

그분이 여자에게 말씀하셨습니다. "내가 네 고통을 많아지게 하고 많아지게한다. 너는 네 잉태 수고로 네가 사모하는 네 남자에게 아들들을 낳는다. 그는 너를 다스린다." 그분이 아 담에게 말씀하셨습니다. "네가 네 여자의 음성을 들었고, 내 가 네게 '너는 그것에서 먹지 말라.'라고 명령하여 말한 나무 에서 먹었기에, 토지는 너로 인하여 저주받아, 너는 네 생명 들의 모든 기간에 고통으로 먹는데, 토지가 네게 가시덤불과 엉겅퀴를 자라게한다. 너는 들의 채소를 먹을 것인데, 네 코 들의 떨림으로 빵을 먹는다. 마침내, 너는 토지로 돌아가는 데, 그것에서 네가 가져와졌기 때문이며, 너는 흙이며 흙으 로 돌아가기 때문이다." 인간이 자기 여자의 이름을 하와라 불렀는데, 그녀는 모든 살아있는 자의 어머니가 되었기 때문 입니다.

23

☝
3:21~24

여호와 하나님들이 인간과 그의 여자에게 가죽의 옷들을 만 들었으며, 그들에게 입게하셨습니다. 여호와 하나님들이 말 씀하셨습니다. "자! 지금 우리 중에 한 명인 인간이 선하고 악한 것을 알게 되었다. 그가 자기 손을 내밀어 생명들의 나 무를 가져오지도, 먹지도, 영원히 생명누리지도 않기 위함이 다." 그가 가져와졌던 토지를 섬기도록, 여호와 하나님들이 에덴의 동산에서 그를 내보내셨습니다. 그분이 인간을 쫓아 내셨으며, 생명들의 나무의 길을 지키도록, 사람모양천사들 그리고 스스로 변환하는 칼의 화염을, 에덴의 동쪽 동산에 머 물게하셨습니다.

창세기

4장

24절~31절 [개역개정, KJV 4:1~4:26]

바른 제사

4장

창세기

개역개정, KJV

24

4:1~2

인간이 자기 여자 하와와 동침하였습니다. 그녀가 잉태하였고, 가인을 낳았으며 말했습니다. "내가 여호와에게서 남자를 소유하였다." 그녀가 그의 형제 아벨을 낳기를 거듭하였습니다. 아벨은 양염소떼를 사육하는 자가 되었으며, 가인은 토지를 섬기는 자가 되었습니다.

25

4:3~5

기간의 끝이 되었으며, 가인은 토지의 과일을 여호와께 제물로 가져들고왔습니다. 아벨 그도 자기 양염소떼의 첫새끼들과 그것들의 기름을 가져들고왔습니다. 여호와께서는 아벨과 그의 제물을 쳐다보셨습니다. 그분은 가인과 그의 제물은 쳐다보지 않으셨습니다. 가인은 매우 분노하였습니다. 그의 얼굴이 떨어졌습니다.

26

4:6~8

여호와께서 가인에게 말씀하셨습니다. "왜 너는 분노하였느냐? 왜 네 얼굴이 떨어졌느냐? 만약 네가 선행한다면, 들지 못하느냐? 만약 네가 선행하지 않는다면, 죄가 출입문에 엎드려 있으며, 죄의 사모함이 네게 있으니, 너는 그것을 다스려라." 가인이 자기 형제 아벨에게 말하였고, 그들이 들에 있게 되었습니다. 가인이 자기 형제 아벨에게 일어났으며, 그를 죽였습니다.

27
👆
4:9~12

여호와께서 가인에게 말씀하셨습니다. "네 형제 아벨이 어디 있느냐?" 그가 말했습니다. "제가 알지 못하는데, 제가 제 형제의 지키는 자입니까?" 그분이 말씀하셨습니다. "네가 무엇을 행하였느냐? 네 형제의 피들의 소리가 토지에서 나에게 부르짖는다. 지금, 네 형제의 피들을 네 손들에서 가져오니, 그 입을 연 토지에서 네가 저주받아, 네가 토지를 섬기지만, 네게 그 효력을 주기를 거듭하지 못한다. 너는 땅에서 요동하며 유리하게 된다."

28
👆
4:13~15

가인이 여호와께 말했습니다. "감당하기에는, 나의 죄벌이 큽니다. 제가 여기 있나이다! 오늘, 당신이 토지의 표면에서 나를 쫓아내셨기에, 나는 당신의 얼굴에서 숨겨집니다. 나는 땅에서 요동하며 유리하는 자가 될 것이며, 나를 발견하는 모든 자가 나를 죽이게 될 것입니다." 여호와께서 그에게 말씀하셨습니다. "그렇다면, 가인을 죽이는 모든 자는 7배를 보복당한다." 가인을 발견하는 모든 자가 그를 쳐죽이게하지 못하게 하는 표징을, 여호와께서 그에게 두셨습니다.

29
👆
4:16~18

가인이 여호와의 얼굴에서 나왔으며, 에덴의 동편 놋의 땅에 거하였습니다. 가인이 자기 여자와 동침하였습니다. 그녀가 잉태하였으며, 에녹을 낳았습니다. 그는 성을 건축하게 되었으며, 성의 이름을 자기 아들의 이름 곧 에녹이라 불렀습니다. 이랏이 에녹에게서 낳아졌으며, 이랏은 므후야엘을 낳았으며, 므후야엘은 므드사엘을 낳았으며, 므드사엘은 라멕을 낳았습니다.

30

4:19~24

라멕이 두 여자를 자기에게 데려왔는데, 한 명의 이름은 아다이며, 두번째 이름은 씰라입니다. 아다는 야발을 낳았습니다. 그는 장막에 거하는 가축의 아버지가 되었습니다. 그의 형제의 이름은 유발입니다. 그는 하프와 피리를 잡는 모든 자의 아버지가 되었습니다. 씰라, 그녀도 밭가는 모든 놋과 철을 날카롭게 하는 두발-가인을 낳았으며, 두발-가인의 누이는 나아마였습니다. 라멕이 자기 여자들에게 말했습니다. "아다와 씰라! 라멕의 여자들아! 내 음성을 들어라! 너희는 내 말에 귀기울여라! 내가 나의 상해로 남자를, 나의 맞음으로 자녀를 죽였다. 가인으로는 7배를, 라멕으로는 77배를 보복당한다."

31

4:25~26

인간이 다시 자기 여자와 동침하였습니다. 그녀가 아들을 낳았으며, 그의 이름을 셋이라 불렀는데, 하나님들이 아벨 대신 다른 자손을 내게 있게하셨기 때문이며, 가인이 그를 죽였기 때문입니다. 셋, 그에게도 아들이 낳아졌으며, 그는 그의 이름을 에노스라 불렀습니다. 그때부터 그가 여호와의 이름을 부르기 시작했습니다.

5장

32절~37절 [개역개정, KJV 5:1~5:32]

하나님과 동행

5장

창세기

개역개정, KJV

32

5:1~2

다음은 아담의 후대의 책입니다. 하나님들이 인간을 창조하시는 날, 하나님들의 모양으로 그를 만드셨습니다. 그분이 남성과 여성을 창조하셨으며, 그들을 축복하셨으며, 그들의 창조된 날 그들의 이름을 인간이라 부르셨습니다.

33

5:3~5

아담이 130년을 살았으며, 자기 모양과 자기 형상을 낳게하였으며, 그의 이름을 셋이라 불렀습니다. 셋을 낳게한 후, 아담의 날들은 800년이었으며 아들들과 딸들을 낳게하였습니다. 생명누린 아담의 모든 날들은 900년 30년이었으며, 그는 죽었습니다.

34

5:6~20

셋은 5년 100년을 살았으며, 에노스를 낳게하였습니다. 셋은 에노스를 낳게한 후, 7년 800년을 살았으며 아들들과 딸들을 낳게하였습니다. 셋의 모든 날들은 12년 900년이었으며, 그는 죽었습니다. 에노스는 90년을 살았으며 게난을 낳게하였습니다. 에노스는 게난을 낳게한 후, 15년 800년을 살았으며 아들들과 딸들을 낳게하였습니다. 에노스의 모든 날들은 5년 900년이었으며, 그는 죽었습니다. 게난은 70년을 살았으며, 마할랄렐을 낳게하였습니다. 게난은 마할랄렐을 낳게한 후, 40년 800년을 살았으며 아들들과 딸들을 낳게하였습니다. 게난의 모든 날들은 10년 900년이었으며, 그는 죽었습니다. 마할랄렐은 5년 60년을 살았으며, 야렛을 낳게하였습니다. 마할랄렐은 야렛을 낳게한 후, 30년 800년을 살았으며 아들들과 딸들을 낳게하였습니다. 마할랄렐의 모든 날들은 95년 800년이었으며, 그는 죽었습니다. 야렛은 62년 100년을 살았으며, 에녹을 낳게하였습니다. 야렛은 에녹을 낳게한 후, 800년을 살았으며 아들들과 딸들을 낳게하였습니다. 야렛의 모든 날들은 62년 900년이었으며, 그는 죽었습니다.

35
🖑
5:21~24

에녹은 65년을 살았으며, 므두셀라를 낳게하였습니다. 에녹은 므두셀라를 낳게한 후, 300년을 하나님들과 스스로 동행하였으며 아들들과 딸들을 낳게하였습니다. 에녹의 모든 날들은 65년 300년이었습니다. 에녹은 하나님들과 스스로 동행하였으며, 하나님들이 그를 데려가셨기에, 그는 없습니다.

36
🖑
5:25~31

므두셀라는 87년 100년을 살았으며, 라멕을 낳게하였습니다. 므두셀라는 라멕을 낳게한 후, 82년 700년을 살았으며 아들들과 딸들을 낳게하였습니다. 므두셀라의 모든 날들은 69년 900년이었으며, 그는 죽었습니다. 라멕은 82년 100년을 살았으며 아들을 낳게하였습니다. 그는 그의 이름을 노아라 부르며 말했습니다. "이자는 여호와께서 저주하신 토지에서, 우리 하는 일들과 우리 손들의 고통에서 우리를 위로한다." 라멕이 노아를 낳게 한 후, 95년 500년을 살았으며 아들들과 딸들을 낳게 하였습니다. 라멕의 모든 날들은 77년 700년이었으며, 그는 죽었습니다.

37

5:32

노아는 500년의 아들이었습니다. 노아는 셈 그리고 함 그리고 야벳을 낳게 하였습니다.

창세기

6장

38절~46절 [개역개정, KJV 6:1~6:22]

죄인 심판

6장

창세기

👆 개역개정, KJV

38 👆 6:1~2	토지 표면에 인간이 많아지기 시작하였으며, 그들에게서 딸들이 낳아지게 된 것입니다. 하나님들의 아들들이 인간의 딸들 그들이 선하다고 보았으며, 자기들이 선택한 모든 자를 여자로 자기들에게 데려왔습니다.
39 👆 6:3	여호와께서 말씀하셨습니다. "나의 존재가 인간에서 영원히 판단하지 않는데, 다시 그가 몸이 되었다. 그의 날들은 120년이 될 것이다."
40 👆 6:4	그 기간과 그런 기간 후에도, 땅에 네피림들이 있었는데, 하나님들의 아들들이 인간의 딸들에게 들어가, 낳은 자들입니다. 그들은 용사들로, 영원히 이름있는 사람들입니다.
41 👆 6:5~7	여호와께서 인간의 악이 땅에 많고, 그의 마음의 생각들의 모든 계획이 모든 날 오직 악한 것을 보셨습니다. 여호와께서 땅에 인간을 만드신 것을 한탄되셨으며, 마음으로 스스로 슬

퍼하셨습니다. 여호와께서 말씀하셨습니다. "내가 토지 표면에 창조한 인간을 제거하는데, 인간에서 짐승까지, 기는 것까지, 두하늘의 새까지이다. 내가 그들을 만든 것에 한탄되기 때문이다."

42
6:8~10

노아는 여호와의 두눈에 은혜를 얻었습니다. 노아의 후대는 이러합니다. 노아는 자기 세대들에 의로우며 흠없는 남자였습니다. 노아는 하나님들과 스스로 동행하였습니다. 노아는 세 아들, 셈 그리고 함 그리고 야벳을 낳게하였습니다.

43
6:11~13

땅이 하나님들의 얼굴에서 망해졌습니다. 땅은 잔혹함으로 채워졌습니다. 하나님들이 보셨는데, 오! 땅이 망해졌는데, 땅 위에 모든 몸 그리고 그의 길이 망하게한 것입니다. 하나님들이 노아에게 말씀하셨습니다. "땅이 잔혹함을 채웠기에, 모든 몸의 끝이 내 앞에 왔는데, 오! 내가 그들과 함께 땅을 망하게한다.

44
6:14~17

너는 잣 나무 방주를 네게 만들어라! 너는 보금자리를 만들고, 그 집과 밖 곧 방주를 아스팔트로 아스팔트칠할 것이다. 다음과 같이, 너는 방주를 만드는데, 방주의 길이는 135m, 그 너비는 22.5m, 그 높이는 13.5m이다. 너는 방주에 정오의 창문을 만드는데 윗쪽으로 45cm를 뚫는다. 방주의 출입문은 그 옆에 아래와 둘째와 삼층으로 두며, 너는 그것을 만든다. 자! 내가 홍수 물을 땅 위에 오게하며, 그 안에 모든 몸을 망하게하는데, 두하늘 아래 생명들의 존재와 땅에 있는 모든 것이 숨끊어진다.

45

6:18~21

내가 나의 언약을 너와 세울 것이다. 너는 너와 네 아들들과 네 여자와 네 아들들의 여자들과 함께 방주에 들어올 것이다. 너는 모든 생명, 모든 몸을 모두 둘씩, 살게하도록 함께 방주에 들어오게한다. 그들은 남성과 여성이다. 새가 그 종류대로, 짐승 중에 일부가 그 종류대로, 토지에 기는 모든 것이 그 종류대로, 모두 둘씩 살게하도록 네게 온다. 너는 먹혔던 모든 식사를 네게 가져와라! 너는 네게 모을 것이다. 그것이 너와 그들에게 양식이 될 것이다."

46

6:22

노아가 하나님들이 자기에게 명령하신 모든 것을 만들었습니다. 그는 그대로 만들었습니다.

7 장

47절~53절 [개역개정, KJV 7:1~7:24]

의인 구원

7장

창세기

개역개정, KJV

47

7:1~4

여호와께서 노아에게 말씀하셨습니다. "너와 너의 모든 집은 방주에 들어와라! 내가 이 세대에 내 앞에서 너를 의롭게 보았기 때문이다. 모든 땅의 표면에 자손이 살도록, 너는 정결한 모든 짐승을 남자와 그의 여자 일곱 일곱, 정결하지 않은 짐승 중에 남자와 그의 여자 그들 둘을, 두하늘의 새도 남성과 여성을 일곱 일곱을 네게 가져와라. 다시 7일에, 내가 땅에 40낮 40밤 비내리게하여, 토지 표면에 만든 모든 생물을 제거할 것이다."

48

7:5~9

노아는 여호와께서 자기에게 명령하신 모든 것을 행하였습니다. 노아는 600년의 아들이었고, 홍수 물이 땅 위에 있었습니다. 노아는 자기 아들들과 자기 여자와 자기 아들들의 여자들 및 정결한 짐승 중에 일부와 정결하지 않은 짐승 중에 일부와 새 중에 일부와 함께, 홍수의 물 앞에서 방주에 들어왔습니다. 토지 위에 기는 모든 것이 둘 둘, 하나님들이 노아에게 명령하신 대로, 남성과 여성이 노아에게 방주에 들어왔습니다.

49
☝
7:10~12

7일이 되었으며, 홍수의 물이 땅 위에 있었습니다. 노아의 생명의 연수 600년 둘째 달 17일, 그 달 그 날에, 많은 깊음의 모든 샘들이 갈라졌으며, 두하늘의 창들이 열렸습니다. 40낮 40밤 땅 위에 비가 있었습니다.

50
☝
7:13~16

바로 그 날, 노아와 셈과 함과 야벳 곧 노아의 아들들과 노아의 여자와 그의 아들들의 세 여자들이 함께 방주에 들어왔습니다. 그들과, 모든 생명이 그 종류대로, 모든 짐승이 그 종류대로, 땅 위에 기는 모든 기는 것이 그 종류대로, 모든 새 곧 모든 날개의 모든 조류가 그 종류대로, 생명들의 존재가 그 안에 있는 모든 몸이 둘 둘, 노아에게 방주에 들어왔습니다. 들어온 것들은 남성과 여성이며, 모든 몸이 하나님들이 그에게 명령하신 대로 들어왔습니다. 여호와께서 그를 통해 닫으셨습니다.

51
☝
7:17~20

홍수가 땅 위에 40일 있었습니다. 물이 많아졌으며 차올랐습니다. 방주가 땅 위에 높아졌습니다. 물이 거세었으며 땅 위에 매우 많아졌습니다. 방주가 물 표면 위에서 갔습니다. 물이 땅 위에 매우 매우 거세었습니다. 모든 두하늘 아래에 있는 모든 높은 산들이 6.75m위로 덮였습니다. 물이 거세었습니다. 산들이 덮였습니다.

52
☝
7:21~23

땅 위에 기는 모든 몸이 숨끊어졌습니다. 곧 새와, 짐승과, 생명과, 땅 위에 활동하는 모든 활동체 및 모든 인간입니다. 생명들의 존재의 숨이 코에 있는 모든 것 곧 육지에 있는 모든 것이 죽었습니다. 그분이 토지 표면 위에 있는 모든 생물 곧 인간을 제거하셨는데, 짐승까지, 기는 것까지, 두하늘의 새까지입니다. 그들이 땅에서 제거되게하셨습니다. 오직 노아와 방주에 함께 있는 자들만 남겨졌습니다.

53

🖑

7:24

물이 땅 위에 150일 거세었습니다.

창세기

8장

54절~60절 [개역개정, KJV 8:1~8:22]

지구 재창조

8장

창세기

개역개정, KJV

54

8:1~3

하나님들이 방주에 함께 있는 노아 그리고 모든 생명 그리고 모든 짐승을 기억하셨습니다. 하나님들이 존재로 땅위를 지나가셨습니다. 물이 약해졌습니다. 깊음의 샘들과 두하늘의 창들이 막혔습니다. 두하늘에서 비가 그쳤습니다. 땅 위에 물이 진행하면서 돌아가고 돌아갔습니다. 150일 중에, 물이 줄어들었습니다.

55

8:4

방주는 일곱번째 달 17일, 그 달에, 아라랏의 산들 위에서 쉬었습니다.

56

8:5~12

물이 진행하면서 줄어들게 되었으며, 마침내 열번째 달, 그 열번째 달 1일에, 산들의 꼭대기들이 보였습니다. 40일의 끝이 되었습니다. 노아는 자기가 만든 방주의 창문을 열었습니다. 그는 까마귀를 내보냈습니다. 그것은 땅 위에 물이 마르기까지, 나가다가 돌아오다가 나갔습니다. 그는 토지의 표면 위의 물이 욕되게하였는가를 보고자, 자기에게서 비둘기를 내보냈습니다. 비둘기가 자기 발의 바닥에 안식처를 발견하지 못하였으며, 방주로 그에게 돌아왔는데, 모든 땅의 표면 위의 물 때문입니다. 그가 자기 손을 내밀었으며, 그것을 가져왔으며, 방주에 자기에게 그것을 들어오게하였습니다. 다시 그가 다른 7일을 애태웠으며, 방주에서 비둘기를 내보내기를 거듭하였습니다. 저녁의 때, 비둘기가 그에게 왔는데, 오! 그 입에 물어뜯긴 올리브의 잎! 노아는 땅위의 물이 욕되게한 것을 알았습니다. 다시 다른 7일이 기다려졌으며, 비둘기를 내보냈습니다. 다시 자기에게 돌아오기를 거듭하지 않았습니다.

57
🖘
8:13

601년 첫째, 곧 그 달 1일에, 땅위의 물이 걷혔습니다. 노아가 방주의 덮개를 빼냈으며 보았습니다. 오! 토지 표면에서 물이 걷혔습니다.

58
🖘
8:14~17

둘째 달 27일, 그 달에, 땅이 말랐습니다. 하나님들이 노아에게 얘기하여 말씀하셨습니다. "너는 네 여자와 네 아들들과 네 아들들의 여자들과 함께 방주에서 나와라! 너는 함께 있는 모든 생명 곧 모든 몸, 곧 새와 짐승과 땅 위에 기는 모든 기는 것과 함께 나오게하라! 그들은 땅에서 활동할 것이며, 다산할 것이며, 땅 위에 많아질 것이다."

59
🖘
8:18~20

노아가 자기 아들들과 자기 여자와 자기 아들들의 여자들과 함께 나왔습니다. 모든 생명 곧 모든 기는 것과 모든 새와 땅 위에서 기는 모든 것이 자기들의 족속대로 방주에서 나왔습니다. 노아가 여호와께 제단을 건축하였습니다. 그는 정결한 모든 짐승과 정결한 모든 새를 데려왔으며, 번제물들을 제단에 올렸습니다.

60

8:21~22

여호와께서 향기의 냄새를 맡으셨습니다. 여호와께서 자기 마음에 말씀하셨습니다. "내가 인간을 인하여 토지를 욕되게 하기를 다시 거듭하지 않는데, 인간의 마음의 계획이 그의 유아기부터 악하기 때문이다. 내가 행한 것같이 모든 생명을 쳐죽이기를 다시 거듭하지 않는다. 다시, 땅의 모든 날, 씨뿌림과 추수와 추위와 더위와 여름과 겨울과 낮과 밤이 안식하지 않는다."

9 장

61절~**67**절 [개역개정, KJV 9:1~9:29]

불효 저주

9장

창세기

개역개정, KJV

61

9:1~7

하나님들이 노아 그리고 그의 아들들을 축복하셨으며 그들에게 말씀하셨습니다. "너희는 다산하라! 너희는 많아져라! 너희는 땅을 채워라! 너희에 대한 두려움과 너희에 대한 무서움이 땅의 모든 생명에게와 두하늘의 모든 새에게 있다. 토지에 기는 모든 것과 바다의 모든 물고기들이 너희 손에 주어졌다. 생명있는 모든 기는 것, 그것이 너희에게 양식이 된다. 내가 너희에게 채소를 나물로 준 것이 전부였다. 반드시, 너희는 목숨있는 몸을 피와 먹지 말라. 반드시, 나는 모든 생명의 손에서 너희 목숨의 피를 찾는다. 나는 인간의 손에서 그것을 찾는다. 나는 남자 형제의 손에서 인간의 목숨을 찾는다. 인간의 피를 흘리면 그 인간에서 그의 피가 흘려지는데, 하나님들이 인간을 자기 형상으로 만드셨기 때문이다. 너희는 다산하라! 너희는 많아져라! 너희는 땅에 퍼져라! 거기서 너희는 많아져라!"

62
👆
9:8~11

하나님들이 노아에게, 그와 함께한 그의 아들들에게 말씀하시기를, "자! 내가 너희와 너희 후의 너희 자손과 모든 생명의 목숨 곧 새와 짐승과 땅의 모든 생명 곧 방주에서 나오는 모든 것 곧 모든 땅의 생명과 나의 언약을 세운다. 내가 너희와 내 언약을 세웠는데, '모든 몸이 다시는 홍수의 물로 멸해지지 않으며, 땅을 망하게하는 홍수가 다시는 있지 않는다.'" 라고 말씀하셨습니다.

63
👆
9:12~16

하나님들이 말씀하셨습니다. "이것은 내가 나와, 너희와, 너희와 있는 생명있는 모든 목숨 사이에 영원한 세대들까지 주는 언약의 표징이다. 내가 구름에 준 나의 활이 나와 땅 사이에 언약의 표징이 될 것이다. 땅위의 구름이 내게 징조보이게 될 것이면, 구름에 활이 보여질 것이다. 나는 나와, 너희와, 생명있는 모든 목숨 곧 모든 몸 사이에, 내 언약을 기억할 것인데, 모든 몸을 망하게하는 홍수 물이 다시는 있지 않는다. 구름에 활이 있을 것인데, 하나님들과 생명있는 모든 목숨 곧 땅 위에 있는 모든 몸 사이에 영원한 언약을 기억하며, 내가 그것을 볼 것이다."

64
👆
9:17

하나님들이 노아에게 말씀하셨습니다. "이것은 나와 땅 위에 있는 모든 몸 사이에 세운 언약의 표징이다."

65
👆
9:18~23

방주에서 나오는 노아의 아들들은 셈과 함과 야벳이었으며, 함 그는 가나안의 아버지입니다. 이 세 노아의 아들, 이들에게서 모든 땅에 퍼져나갔습니다. 노아가 토지의 남자로 시작하였습니다. 그가 포도원을 심었습니다. 그가 포도주를 마셨습니다. 그가 취하였습니다. 그가 자기 장막의 가운데서 스스로 드러내었습니다. 가나안의 아버지 함이 자기 아버지의 벌거벗은몸을 보았으며, 밖에 자기 형제 둘에게 알게하였습니다. 셈과 야벳은 겉옷을 가져왔습니다. 그들은 자기들 둘의 어깨 위에 두었으며, 뒤로 갔습니다. 그들은 자기들의 얼굴 뒤로 자기들의 아버지의 벌거벗은몸을 덮었습니다. 그들은 자기들의 아버지의 벌거벗은몸을 보지 않았습니다.

66
9:24~27

노아가 그의 포도주에서 깨어났습니다. 그는 자기 작은 아들이 자기에게 행한 것을 알았으며 말했습니다. "가나안은 저주받아 자기 형제들의 종들의 종이 된다." 그가 말했습니다. "셈의 여호와 하나님들은 축복되시도다! 가나안은 그들의 종이 되어라. 하나님들이 야벳을 꾀어 셈의 장막들에 머물게하십니다. 가나안은 그들의 종이 되어라."

67
9:28~29

노아가 홍수 후 300년 50년을 살았습니다. 노아의 모든 날들은 900년 50년이었으며, 그는 죽었습니다.

장

68절~**72**절 [개역개정, KJV 10:1~10:32]

신앙의 영토

10장

창세기

🖐 개역개정, KJV

68
🖐 10:1上

다음은 노아의 아들들 곧 셈, 함과 야벳의 후대입니다.

69
🖐
10:1下~5

홍수 후 그들에게 아들들이 낳아졌습니다. 야벳의 아들들은 고멜과 마곡과 마대와 야완과 두발과 메섹과 디라스입니다. 고멜의 아들들은 아스그나스와 리밧과 도갈마입니다. 야완의 아들들은 엘리사와 달시스와 깃딤과 도다님입니다. 이들은 각각 그의 방언을 따라, 그들의 족속들을 따라, 그들의 민족들을 따라, 자기들의 땅들에 민족들의 섬들로 나뉘어졌습니다.

70
🖐
10:6~20

함의 아들들은 구스와 미스라임과 붓과 가나안입니다. 구스의 아들들은 스바와 하윌라와 삽다와 라아마와 삽드가입니다. 라아마의 아들들은 시바와 드단입니다. 구스가 니므롯을 낳았는데, 그는 땅에 용사가 되기를 시작하였습니다. 그는 여호와 앞에서 사냥의 용사가 되었으며, 그렇게해서, 니므롯은 여호와 앞에서 사냥의 용사라고 일컬어집니다. 그의 나라의 처음은 시날의 땅에 바벨과 에렉과 악갓과 갈레였습니다. 그 땅에서, 그는 앗수르로 나왔으며, 니느웨 그리고 르호봇 성 그리고 갈라 그리고 니느웨와 갈라 사이의 레센을 건축하였습니다. 그것은 큰 성이었습니다. 미스라임은 루딤 그리고 아나밈 그리고 르하빔 그리고 납두힘 그리고 바드루심 그리고 블레셋이 나온 가슬루힘 그리고 갑도림을 낳았습니다. 가나안은 그의 장자 시돈 그리고 헷 그리고 여부스 그리고 아모리 그리고 기르가스 그리고 히위 그리고 알가 그리고 신 그리고 아르왓 그리고 스말 그리고 하맛을 낳았습니다. 후에, 가나안의 족속들이 흩어졌습니다. 가나안의 범위는 시돈에서 그랄로 가는 가사까지이며, 소돔과 고모라와 아드마와 스보임으로 가는 라사까지입니다. 이들은 함의 아들들이며, 그들의 족속들과, 그들의 방언들과, 그들의 땅들과, 그들의 민족들입니다.

셈, 그에게도 낳아졌는데, 에벨의 모든 아들들의 아버지이며, 큰 야벳의 형제입니다. 셈의 아들들은 엘람과 앗수르와 아르박삿과 룻과 아람입니다. 아람의 아들들은 우스와 훌과 게델과 마스입니다. 아르박삿은 셀라를 낳았으며, 셀라는 에벨을 낳았습니다. 에벨에게는 두 아들이 낳아졌는데, 한 명의 이름은 벨렉인데, 그의 기간에 땅이 나뉘었기 때문입니다. 그의 형제의 이름은 욕단입니다. 욕단은 알모닷 그리고 셀렙 그리고 하살마웻 그리고 예라 그리고 하도람 그리고 우살 그리고 디글라 그리고 오발 그리고 아비마엘 그리고 시바 그리고 오빌 그리고 하윌라 그리고 요밥을 낳았으며, 이들 모두는 욕단의 아들들입니다. 그들의 거주지역은 메사에서 스발로 가는 동쪽의 산이었습니다. 이들은 셈의 아들들이며, 그들의 족속들과, 그들의 방언들과, 그들의 땅들과, 그들의 민족들입니다.

72

10:32

이들은 노아의 아들들의 족속들이며, 그들의 후대이며, 그들의 민족들입니다. 이들은 홍수 후 땅에서 민족들로 나뉘었습니다.

창세기

11장

73절~80절 [개역개정, KJV 11:1~11:32]

신앙의 혈통

11장

창세기

개역개정, KJV

73

11:1~2

모든 땅이 하나의 발음이며 하나의 얘기들이었습니다. 사람들이 동쪽으로 이동하게 되었으며, 시날의 평지 땅을 발견하였으며, 그곳에 거하였습니다.

74

11:3~5

그들이 각각 자기 이웃에게 말했습니다. "너는 동참하라! 우리가 벽돌들을 희게하자! 우리가 불로 굽자!" 그들에게 벽돌이 돌이 되었으며, 그들에게 역청이 진흙이 되었습니다. 그들이 말했습니다. "너는 동참하라! 우리가 우리에게 성과 망대와 두하늘에 그 꼭대기를 건축한다. 우리가 우리에게 이름을 만드는데, 우리가 모든 땅의 표면에 흩어지지 않기 위함이다." 여호와께서 인간의 아들들이 건축한 성 그리고 망대를 보시려고 내려오셨습니다.

75

11:6~7

여호와께서 말씀하셨습니다. "자! 그들 모두 백성이 하나이고 발음이 하나이며, 그들이 이것들을 만들기 시작하니, 지금 그들이 만들기로 작정하는 모든 일이 그들에게서 꺾여지

지 않는다. 너는 동참하라! 우리가 내려가자! 그들이 각각
그 이웃의 발음을 듣지 못하도록, 우리가 그곳에서 그들의
발음을 섞자!"

76
11:8~9

여호와께서 그곳에서 그들을 모든 땅 표면에 흩어지게하셨습
니다. 그들이 성을 건축하는 것을 그쳤습니다. 그렇게해서 그
이름을 바벨이라 불렀는데, 여호와께서 모든 땅의 발음을 그
곳에서 섞으셨고, 여호와께서 모든 땅의 표면 위에 그들을 그
곳에서 흩어지게하셨기 때문입니다.

77
11:10~15

다음은 셈의 후대입니다. 100년의 아들 셈은 홍수 후 2년에,
아르박삿을 낳게하였습니다. 셈은 아르박삿을 낳게한 후,
500년을 살았으며 아들들과 딸들을 낳게하였습니다. 아르박
삿은 35년을 생명누렸으며, 셀라를 낳게하였습니다. 아르박
삿은 셀라를 낳게한 후 3년 400년을 살았으며 아들들과 딸들
을 낳게하였습니다. 셀라는 30년을 생명누렸으며, 에벨을 낳
게하였습니다. 셀라는 에벨을 낳게한 후, 3년 400년을 살았
으며 아들들과 딸들을 낳게하였습니다.

78
11:16~26

에벨은 34년을 살았으며 벨렉을 낳게하였습니다. 에벨은 벨
렉을 낳게한 후, 30년 400년을 살았으며 아들들과 딸들을 낳
게하였습니다. 벨렉은 30년을 살았으며 르우를 낳게하였습
니다. 벨렉은 르우를 낳게한 후, 9년 200년을 살았으며 아들
들과 딸들을 낳게하였습니다. 르우는 32년을 살았으며 스룩
을 낳게하였습니다. 르우는 스룩을 낳게한 후, 7년 200년을

살았으며 아들들과 딸들을 낳게하였습니다. 스룩은 30년을 살았으며 나홀을 낳게하였습니다. 스룩은 나홀을 낳게한 후, 200년을 살았으며 아들들과 딸들을 낳게했습니다. 나홀은 29년을 살았으며 데라를 낳게하였습니다. 나홀은 데라를 낳게한 후, 19년 100년을 살았으며 아들들과 딸들을 낳게했습니다. 데라는 70년을 살았으며 아브람 그리고 나홀 그리고 하란을 낳게하였습니다.

79
11:27~30

다음은 데라의 후대입니다. 데라는 아브람 그리고 나홀 그리고 하란을 낳게하였습니다. 하란은 롯을 낳게하였습니다. 하란은 그의 친척의 땅 갈대아-우르에서 자기 아버지 데라보다 전에 죽었습니다. 아브람과 나홀이 여자들을 데려왔는데, 아브람의 여자의 이름은 사래이며, 나홀의 여자의 이름은 밀가로서, 밀가의 아버지이며 이스가의 아버지인 하란의 딸입니다. 사래는 불임이었으며, 애가 없었습니다.

80
11:31~32

데라가 자기 아들 아브람 그리고 하란의 아들 곧 자기 아들의 아들 롯 그리고 자기 아들 아브람의 여자인 그의 며느리 사래를 데려갔으며, 가나안 땅으로 가려고 갈대아-우르에서 그들과 나왔습니다. 그들은 하란까지 왔으며, 그곳에 거하였습니다. 데라의 날들은 5년 200년이었습니다. 데라는 하란에서 죽었습니다.

12장

81절~87절 [개역개정, KJV 12:1~12:20]

믿음 = 순종

12장

창세기

☝ 개역개정, KJV

81
☝
12:1~3

여호와께서 아브람에게 말씀하셨습니다. "너는 네 땅과 네 친척과 네 아버지의 집에서 내가 네게 보이게하는 땅으로 가라! 내가 너를 큰 민족으로 만든다. 내가 너를 축복한다. 내가 네 이름을 커지게 하리라. 너는 복이 되어라! 내가 너를 축복하는 자들을 축복하리라. 너를 욕되게하면, 내가 저주한다. 토지의 모든 족속들이 네게서 축복받을 것이다."

82
☝
12:4~5

아브람은 여호와께서 자기에게 얘기하시는 대로 갔습니다. 롯도 그와 갔습니다. 아브람이 하란을 나오는데 5년 70년의 아들이었습니다. 아브람이 자기 여자 사래 그리고 자기 형제의 아들 롯 그리고 자기들이 모은 모든 재산 그리고 하란에서 만든 영혼을 데려갔습니다. 그들은 가나안 땅으로 가려고 나왔습니다. 그들은 가나안 땅으로 들어왔습니다.

83
☝
12:6~9

아브람이 세겜의 지역까지, 모레의 상수리나무까지 그 땅을 통과하였습니다. 그때 가나안족속이 그 땅에 있었습니다. 여호와께서 아브람에게 보이셨으며 말씀하셨습니다. "내가 네 자손에게 이 땅을 준다." 그는 그곳에 자기에게 보이신 여호와께 제단을 건축하였습니다. 그가 그곳에서 벧-엘 동쪽 산으로 이사하여, 자기 장막을 폈는데, 서쪽은 벧-엘이며 동쪽은 아이였습니다. 그는 그곳에서 여호와께 제단을 건축하였으며 여호와의 이름을 불렀습니다. 아브람이 남쪽으로 이동하기를 진행하면서 이동하였습니다.

84
👆
12:10~13

그 땅에 흉년이 있었으며, 그 땅에 흉년이 엄청났기에, 아브람이 체류하려고 애굽으로 내려갔습니다. 그가 애굽으로 오는 것이 가까워지게 되자, 자기 여자 사래에게 말했습니다. "오! 바라건대, 내가 알기에는, 당신은 모양이 아름다운 여자다. 애굽이 당신을 보게 된다면, 그들이 '이녀는 그의 여자다.'라고 말할 것이며, 그들이 나를 죽이겠지만, 그들이 당신은 살게한다. 바라건대, 당신이 나의 누이라고 말하라! 그가 당신으로 인하여 내게 선행하기 위함이며, 당신 때문에 나의 목숨이 살 것이다."

85
👆
12:14~16

아브람이 애굽으로 오게 되었습니다. 애굽이 여자를 보았는데, 그녀가 매우 아름다웠습니다. 바로의 관료들이 그녀를 보았으며, 바로에게 그녀를 극찬하였습니다. 그 여자가 바로의 집으로 데려와졌습니다. 그가 그녀를 인하여 아브람에게 선대하여, 양떼소떼과 소떼와 수나귀들과 남종들과 여종들과 암나귀들과 수낙타들이 그에게 생겼습니다.

86

12:17~19

여호와께서 아브람의 여자 사래의 일로, 바로 그리고 그의 집을 큰 피부병들로 치셨습니다. 바로가 아브람을 불렀으며 말했습니다. "왜 너는 내게 이렇게 행하였느냐? 왜 너는 내게 그녀가 네 여자인 것을 알게하지 않았느냐? 왜 너는 '그녀는 나의 누이입니다.'라고 말하여, 내가 그녀를 여자로 내게 데려오게 하였느냐? 오! 지금 너는 너의 여자와 동반하라! 가라!"

87

12:20

바로가 사람들에게 그에 대해 명령하였습니다. 그들이 그 그리고 그의 여자 그리고 그에게 있는 모든 것을 내보내었습니다.

창세기

13장

구원의 씨앗

13장

창세기

개역개정, KJV

88

13:1~4

아브람이 애굽에서 자기와 자기 여자와 자기에게 있는 모든 것과 롯과 함께 남쪽으로 올라갔습니다. 아브람은 가축에서, 은에서, 금에서 매우 엄청났습니다. 그가 자기 노정대로 남쪽에서 벧-엘까지, 벧-엘과 아이 사이에 최초로 자기 장막이 있었던 장소까지, 자기가 그곳에서 첫번째로 만든 제단의 장소로 갔습니다. 그곳에서 아브람은 여호와의 이름을 불렀습니다.

89

13:5~7

아브람과 동행하는 롯도, 양염소떼와 소떼와 장막들이 있었습니다. 그는 그 땅에 자기들이 함께 거하는 것을 감당하지 못했는데, 그들의 재산이 많이 있었기에, 그들이 함께 거할 수 없던 것입니다. 아브람의 가축을 사육하는 자들과 롯의 가축을 사육하는 자들 사이에 다툼이 있었는데, 가나안족속과 브리스족속이 그때 그 땅에 거하고 있던 것입니다.

90

13:8~9

아브람이 롯에게 말했습니다. "바라건대, 우리는 형제인 사람들이니, 나와 너 사이에, 나의 사육하는 자들과 너의 사육하는 자들 사이에 분쟁이 있으면 안된다. 모든 땅이 네 앞에 있지 않느냐? 바라건대, 너는 나에게서 나뉘어져라! 만약 왼쪽이면, 나는 우향하며, 만약 오른쪽이면, 나는 좌향하리라."

91
🖐
13:10~13

롯이 자기 두눈을 들었으며, 요단의 모든 평야를 보았는데, 여호와께서 망하게하시기 전이며 모든 땅이 비옥하여, 여호와의 동산같고 애굽의 땅같으며, 소알로 가는 소돔 그리고 고모라였습니다. 롯이 요단의 모든 평야를 선택하였습니다. 롯이 동쪽으로 이동하였습니다. 그들은 각각 자기 형제에게서 나뉘어졌습니다. 아브람은 가나안의 땅에 거하였습니다. 롯은 평야의 성들에 거하였는데, 소돔까지 장막옮겼습니다. 소돔의 사람들은 여호와께 매우 악하며 죄인들이었습니다.

92
🖐
13:14~17

아브람이 함께한 롯이 나뉘어진 후, 여호와께서 그에게 말씀하셨습니다. "바라건대, 너는 네 두눈을 들어라! 네가 보는 모든 땅을, 내가 영원까지 네 자손에게 주니, 너는 네가 있는 장소에서 북쪽으로 남쪽으로 동쪽으로 서쪽으로 보아라! 내가 네 자손을 땅의 흙같이 정하였으니, 만약 남자가 땅의 흙을 계수할 수 있다면 네 자손도 계수된다. 너는 일어나라! 내가 그 땅을 네게 주니, 너는 그 길이와 그 너비로 그 땅을 스스로 진행하라!"

93
🖐
13:18

아브람이 장막옮겼으며, 헤브론에 있는 마므레의 상수리나무들에 왔으며 거하였습니다. 그는 그곳에서 여호와께 제단을 건축하였습니다.

GENESIS

창세기

14장

94절~100절 [개역개정, KJV 14:1~14:24]

구원의 증거 : 축사와 성만찬

14장

창세기

🖑 개역개정, KJV

94
🖑
14:1~4

시날의 왕 아므라벨, 엘라살의 왕 아리옥, 엘람의 왕 그돌라오멜, 고임의 왕 디달의 기간이었습니다. 그들이 소돔의 왕 베라와 고모라의 왕 비르사와 아드마의 왕 시납과 스보임의 왕 세메벨과 벨라 곧 소알의 왕과 전쟁을 만들었습니다. 이들 모두는 싯딤의 골짜기 곧 소금의 바다로 연합하였습니다. 그들이 12년을 그돌라오멜을 섬겼으며 13년에 배반하였습니다.

95
🖑
14:5~7

14년에 그돌라오멜이 자기와 있는 왕들과 왔습니다. 그들이 아스드롯-가르나임에서 르바를, 그리고 함에서 수스를, 그리고 사웨-기랴다임에서 엠을, 그리고 세일 산에서 호리족속을 광야 곁에 있는 엘-바란까지 쳐죽였습니다. 그들이 돌아가서 엔-미스밧 곧 가데스에 왔으며, 아말렉의 모든 들과 하사손-다말에 거하는 아모리도 쳐죽였습니다.

96

👆

14:8~10

소돔의 왕과 고모라의 왕과 아드마의 왕과 스보임의 왕과 벨라 곧 소알의 왕이 나왔습니다. 그들이 그들과 싯딤 골짜기에서 전쟁을 벌였는데, 엘람의 왕 그돌라오멜과 고임의 왕 디달과 시날의 왕 아므라벨과 엘라살의 왕 아리옥 곧 네 왕과 다섯입니다. 싯딤의 골짜기에는 우물들 곧 역청의 우물들이 있는데, 소돔과 고모라의 왕이 도망하였으며, 그곳으로 빠졌습니다. 남겨진 자들은 산으로 도망하였습니다.

97

👆

14:11~13

그들이 소돔과 고모라의 모든 재산 그리고 그들의 모든 양식을 가졌으며, 갔습니다. 그들은 아브람의 형제의 아들인 롯 그리고 그의 재산을 가졌으며, 갔습니다. 그가 소돔에 거하고 있던 것입니다. 도망자가 왔습니다. 그는 히브리 아브람에게 알게하였습니다. 그는 에스골의 형제이며 아넬의 형제인, 아모리 마므레의 상수리나무들에 머물고 있었던 것입니다. 그들은 아브람의 언약의 당사자들입니다.

98

👆

14:14~17

아브람은 자기 형제가 사로잡힌 것을 들었으며, 자기 집에서 출산된 그의 훈련된 자들에서 318명을 뽑게하였으며, 단까지 추격했습니다. 밤에 그와 그의 남종들이 그들에 대해 나뉘어졌습니다. 그가 그들을 쳐죽게하였으며, 다메섹 왼쪽에 있는 호바까지 그들을 추격하였습니다. 그는 모든 재산 및 그의 형제 롯도 그의 재산도 돌아오게하였으며, 여자들도 그리고 백성도 돌아오게하였습니다. 그가 돌아오면서 그돌라오멜 그리고 그와 함께한 왕들을 사웨의 골짜기 곧 왕의 골짜기에서 쳐죽게한 후, 소돔의 왕이 그를 맞이하려고 나왔습니다.

전무후무한 성경 ● 14장

99
🖐
14:18~20

살렘의 왕 멜기-세덱이 빵과 포도주를 내게하였으니, 그분은 높으신 제사장 하나님이십니다. 그분이 그를 축복하셨으며 말씀하셨습니다. "두하늘과 땅을 소유하시는 높으신 아브람 하나님은 축복되시도다! 네 대적들을 네 손에 넘겨주신 높으신 하나님은 축복되시도다!" 그가 그분께 모든 것에서 십일조를 드렸습니다.

100
🖐
14:21~24

소돔의 왕이 아브람에게 말했습니다. "목숨은 내게 주어라! 재산은 네가 가져라!" 아브람이 소돔의 왕에게 말했습니다. "나는 두하늘과 땅을 소유하시는 높으신 여호와 하나님께 내 손을 들었으니, 만약 실이나 신발의 끈조차, 만약 당신에게 있는 모든 것을 내가 가진다면, 당신이 '내가 아브람을 부유하게했다.'라고 말하지 않겠습니까? 오직 소년들이 먹은 것과, 나와 동행한 사람들 곧 아넬, 에스골과 마므레의 몫은 제외하는데, 그들은 자기들의 몫을 가집니다."

창세기

15장

101절~105절 [개역개정, KJV 15:1~15:21]

구원 상실의 이유 : 작은 믿음

15장
창세기

👆 개역개정, KJV

101
👆
15:1~4

이 일 후, 환상으로 아브람에게 여호와의 얘기가, "아브람아! 너는 두려워하면 안된다. 나는 너에게 방패이며, 매우 많아지게하는 너의 댓가이다."라는 말로 있었습니다. 아브람이 말했습니다. "나의 주님 여호와여! 당신이 제게 무엇을 주십니까? 저는 자식없이 진행하니, 나의 집의 상속의 아들, 그는 다메섹 엘리에셀입니다." 아브람이 말했습니다. "보십시오! 당신은 제게 자손을 주시지 않으셨습니다. 오! 나의 집의 아들이 나를 상속하는 것입니다." 오! 여호와의 얘기가 그에게, "이자가 너를 상속하지 않는데, 혹시라도 너의 생식기관에서 나오는 자, 그가 너를 상속한다."라는 말로 있었습니다.

102
👆
15:5~8

그분이 그를 밖으로 나오게하셨으며 말씀하셨습니다. "바라건대, 너는 두하늘을 바라보아라! 만약 네가 별들을 셀 수 있다면, 그것들을 세어라!" 그분이 그에게 말씀하셨습니다. "네 자손이 이와같이 된다." 그가 여호와를 믿었습니다. 그분은 그를 의로 여기셨습니다. 그분이 그에게 말씀하셨습니다.

"나는 네게 이 땅을 주어 그것을 상속하라고, 갈대아-우르에서 너를 나오게한 여호와이다." 그가 말했습니다. "나의 주님들 여호와여! 제가 그것을 상속하는 것을 무엇으로 압니까?"

103
👆
15:9~12

그분이 그에게 말씀하셨습니다. "너는 3대째이어진 암송아지와 3대째이어진 암염소와 3대째이어진 숫양과 산비둘기와 먹힐새끼를 내게 가져와라!" 그가 이 모든 것을 가져왔으며, 그것들 가운데를 반나누었으며, 각각 그 옆의 것을 마주하여 그 반나눈 것을 드렸습니다. 그러나 조류는 반나누지 않았습니다. 독수리가 사체들 위에 내려왔습니다. 아브람이 그것들에게 바람불게했습니다. 태양이 들어가게 되었습니다. 숙면이 아브람에게 떨어졌습니다. 오! 두려움, 큰 어두움이 그에게 떨어졌습니다.

104
👆
15:13~16

그분이 아브람에게 말씀하셨습니다. "너는 알고 알 것인데, 네 자손이 자기들의 것이 아닌 땅에서 이방인이 된다. 사람들이 그들을 섬길 것이며, 그들을 400년을 학대할 것이다. 또한 그들이 섬기는 그 민족을 내가 심판하여, 그런 후에, 그들이 큰 재산을 내민다. 너는 너의 아버지들에게 평안히 들어가는데, 선한 흰머리에 장사된다. 아직까지 아모리의 죄벌이 온전하지 않기에, 그들은 4번째 세대에 이곳으로 돌아온다."

105
👆
15:17~21

태양이 들어갔고, 캄캄함이 있게 되었는데, 오! 이 두쪽들 사이를 통과한 화로 연기와 불타오른 불! 그 날, 여호와께서 아브람과 언약을 맺어 말씀하셨습니다. "내가 네 자손에게, 애굽의 강부터 큰 강 유브라데의 강까지의 이 땅과, 겐족속 그리고 그니스족속 그리고 갓몬족속 그리고 헷족속 그리고 브리스족속 그리고 르바족속 그리고 아모리 그리고 가나안족속 그리고 기르가스족속 그리고 여부스족속을 주었다."

창세기

16

장

106절~112절 [개역개정, KJV 16:1~16:16]

유사기독교 : 거듭나 하나님을
만나지만 구원 없음

16장
창세기

개역개정, KJV

106
16:1~2

아브람의 여자 사래는 그에게 낳지 못하였습니다. 그녀에게 애굽족속 여종이 있었고, 그녀의 이름은 하갈입니다. 사래가 아브람에게 말했습니다. "오! 바라건대, 여호와께서 나로 낳는 것을 그치게하셨으니, 바라건대, 나의 여종에게 들어가십시오! 혹시 내가 그녀에게서 생산될까 합니다." 아브람이 사래의 음성을 들었습니다.

107
16:3~4

아브람이 가나안의 땅에 거한 10년의 끝에, 아브람의 여자 사래가 자기 여종 애굽족속 하갈을 데려왔으며, 자기 남자 아브람에게 그녀를 여자로 주었습니다. 그가 하갈에게 들어갔습니다. 그녀가 잉태하였으며, 자기가 잉태한 것을 보았으며, 자기 여주인을 두눈으로 욕되게하였습니다.

108
16:5~6

사래가 아브람에게 말했습니다. "나의 잔혹함은 당신에게 있습니다. 내가 나의 여종을 당신의 품에 주었는데, 그녀는 자기가 잉태한 것을 보았으며, 자기 두눈으로 나를 욕되게하였습니다. 여호와께서 나와 당신 사이를 재판하십니다." 아브람이 사래에게 말했습니다. "오! 당신의 여종이 당신의 손에 있으니, 당신 두눈에 선을 그녀에게 행하시오!" 사래가 그녀를 학대하였으며, 그녀가 그녀 앞에서 도망하였습니다.

109
16:7~9

광야에 물의 샘 곁 곧 수르의 길에 샘 곁에서 여호와의 천사가 그녀를 발견하였습니다. 그가 사래의 여종 하갈에게 말했습니다. "네가 어디서 이곳으로 왔으며, 네가 어디로 가느냐?" 그녀가 말했습니다. "나는 나의 여주인 사래 앞에서 도망합니다." 여호와의 천사가 그녀에게 말했습니다. "너의 여주인에게 돌아가라! 그녀의 두손 아래 스스로 학대받아라!"

110
16:10~12

여호와의 천사가 그녀에게 말했습니다. "나는 네 자손을 많아지게하고 많아지게하여, 그 많음이 세어지지 못한다." 여호와의 천사가 그녀에게 말했습니다. "너는 봐라! 네가 잉태하였으니, 아들을 낳는데, 그의 이름을 이스마엘이라 부를 것이다. 여호와께서 네 학대를 들으셨기 때문이다. 그가 인간의 들나귀가 되어, 그의 손이 모든 자에게 있으며 모든 자의 손이 그에게 있으며, 그가 자기 모든 형제들 앞에 머문다."

111
16:13~14

그녀가 자기에게 얘기하시는 여호와의 이름을, '당신은 보시는 하나님'이라고 불렀는데, 그녀가 "내가 나를 보시는 분을 또 여기서도 보았는가?"라고 말했기 때문입니다. 그렇게해서 그는 그 우물을 브엘-라해-로이라고 불렀는데, 오! 그것은 가데스와 베렛 사이에 있었습니다.

112

16:15~16

하갈이 아브람에게 아들을 낳았습니다. 아브람은 하갈이 낳은 그의 아들의 이름을 이스마엘이라고 불렀습니다. 아브람은 80년 6년의 아들이었고, 하갈이 아브람에게 이스마엘을 낳은 것입니다.

17장

113절~**119**절 [개역개정, KJV 17:1~17:27]

할례 = 구원 상실의 원인 제거

17장

창세기

👆 개역개정, KJV

113
👆
17:1~2

아브람은 90년 9년의 아들이었습니다. 여호와께서 아브람에게 보여지셨고, 그에게 말씀하셨습니다. "나는 전능자 하나님이다. 너는 내 앞에서 스스로 동행하라! 너는 흠없이 되어라! 나는 나와 너 사이에 나의 언약을 주려한다. 내가 너를 매우 매우 많아지게한다."

114
👆
17:3~8

아브람이 자기 얼굴을 대고 엎드렸습니다. 하나님들이 그에게 얘기하시며 말씀하셨습니다. "오! 내가 너와 나의 언약을 확정하는데, 너는 민족들의 무리의 아버지가 될 것이다. 다시는 네 이름이 아브람이라 불리지 않는데, 네 이름이 아브라함이 될 것이다. 내가 너를 민족들의 무리의 아버지로 두었기 때문이다. 내가 너로 매우 매우 다산하게하였다. 내가 너에게 민족들을 두었으며, 왕들이 너에게서 나온다. 나와 너와 네 후의 네 자손 사이에 대대로, 하나님들이 너와 네 후의 네 자손에게 영원한 언약이 되는 내 언약을, 내가 확정했다. 내가 너와 네 후의 자손에게 네 체류의 땅 그리고 가나안의 모든 땅을 영원한 소유로 주었으며, 나는 그들에게 하나님들이 될 것이다."

115

17:9~14

하나님들이 아브라함에게 말씀하셨습니다. "너는 내 언약을 지키는데, 너와 네 후의 네 자손과 대대로 지킨다. 나와 너희와 네 후의 네 자손 사이에 지키는 이 나의 언약은 너희의 모든 남성이 할례받는 것이다. 너희는 너희 포피의 살을 할례받을 것이다. 그것이 나와 너희 사이에 언약의 표징이 될 것이다. 8일된 아들로, 집에서 출산된 너희 세대들의 모든 남성 및 너희 자손이 아닌 은으로 매매한 이방의 모든 아들은 할례받는다. 그는 너의 집에서 출산된 자나 너의 은으로 매매한 자나 할례받고 할례받는데, 나의 언약은 너희 살에 영원한 언약으로 있을 것이다. 자기 포피의 살을 할례받지 않는 포피의 남성, 그 영혼은 자기 백성들에서 멸해질 것인데, 그가 내 언약을 무산시킨 것이다."

116

17:15~18

하나님들이 아브라함에게 말씀하셨습니다. "사래는 네 여자다. 너는 그녀의 이름을 사래라 부르지 말라. 사라가 그녀의 이름이기 때문이다. 내가 그녀를 축복할 것이며, 또한 내가 그녀에게서 네게 아들을 줄 것이다. 내가 그녀를 축복할 것이니, 그녀가 민족들이 될 것이며, 백성들의 왕들이 그녀에게서 생긴다." 아브라함이 자기 얼굴을 대고 엎드렸습니다. 그가 웃었으며, 자기 마음에 말했습니다. "100년 된 아들에게 낳아집니까? 혹시라도, 90년 된 딸 사라가 낳습니까?" 아브라함이 하나님들에게 말했습니다. "그렇다면 이스마엘이

전무후무한 성경 ● 17장

99

당신 앞에서 삽니다."

117

17:19~21

하나님들이 말씀하셨습니다. "실상은 네 여자 사라가 네게 아들을 낳는다. 너는 그의 이름을 이삭이라 부를 것이다. 내가 그와 나의 언약을 확정할 것이니, 그 후에 그의 자손과의 영원의 언약이다. 이스마엘이라고 내가 네게서 들었으니, 오! 내가 그를 축복할 것이며, 내가 그를 다산하게할 것이며, 내가 그를 매우 매우 많아지게할 것이다. 그가 12족장들을 낳게하며, 내가 그에게 큰 민족을 줄 것이다. 다른 해, 이 절기에, 사라가 네게 낳는 이삭과 내가 내 언약을 확정한다."

118

17:22~23

그분이 그에게 얘기하시기를 마치셨습니다. 하나님들이 아브라함 위로 올라가셨습니다. 하나님들이 그에게 얘기하신 바로 그 날, 아브라함은 자기 아들 이스마엘 그리고 자기 집에서 출산된 모든 자 그리고 자기 은으로 매매한 모든 자 곧 아브라함의 집의 사람들 중 모든 남성을 데려갔으며, 그들의 포피의 살을 할례하였습니다.

119

17:24~27

아브라함은 99년의 아들이었으며, 자기 포피의 살이 자기에게서 할례됩니다. 그의 아들 이스마엘은 13년의 아들로, 그의 포피의 살이 그에게서 할례됩니다. 바로 그 날, 아브라함과 그의 아들 이스마엘이 할례받고, 집에서 출산된 자나 이방의 아들로 은으로 매매된 자 곧 그 집의 모든 사람들이 그와 할례받았습니다.

창세기

18장

120절~128절 [개역개정, KJV 18:1~18:33]

성막절 : 타인의 구원까지
이루어내는 영의 연령

18장

창세기

개역개정, KJV

120

18:1~5

그가 낮의 더위에, 장막의 출입문에 앉아있는데, 여호와께서 마므레의 상수리나무들에서 그에게 보이셨습니다. 그가 자기 눈들을 들어올렸는데, 오! 자기 앞에 서있어진 3명의 사람들을 보았습니다. 그가 보고, 그들을 맞이하려고, 장막의 출입문에서 달려갔으며, 땅으로 스스로 절하였습니다. 그가 말했습니다. "나의 주님! 바라건대, 만약 제가 당신의 두눈에 은혜를 얻었다면, 바라건대, 당신은 당신의 종을 통과하면 안됩니다. 바라건대, 그가 물을 조금 가져오면, 당신들은 당신들의 양발을 씻으십시오! 당신들은 나무 아래서 기대어지십시오! 제가 빵의 조각을 가져오려합니다. 당신들은 당신들의 마음을 소생시키십시오! 후에 당신들은 통과하십니다. 그렇게해서, 당신들은 당신들의 종을 통과할 것이기 때문입니다." 그들이 말했습니다. "너는 네가 얘기한 대로 그대로 행한다."

121

18:6~8

아브라함이 장막으로 서둘렀으며 사라에게 말했습니다. "당신은 서두르세요! 고운 가루 22ℓ를 반죽하세요! 떡들을 만드세요!" 아브라함이 소떼에게 달려갔으며, 부드럽고 선한 소의 수새끼를 가져와, 소년에게 주었습니다. 그가 그것을 요리하는데 서둘렀습니다. 그가 버터와 우유와 요리한 소의 새끼를 가져왔으며 그들 앞에 주었습니다. 그는 나무 아래 그들 앞에 서있었으며 그들은 먹었습니다.

122
👆
18:9~11

그들이 그에게 말했습니다. "네 여자 사라가 어디있느냐?" 그가 말했습니다. "오! 장막에 있습니다." 그분이 말씀하셨습니다. "생명있는 때에, 내가 네게 돌아오고 돌아오는데, 오! 네 여자 사라 곧 장막의 출입문 그 뒤에서 듣는 사라에게 아들이 있으리라." 아브라함과 사라가 노년이었고, 나이가 가서 여자들에게의 길이 있는 것이 사라에게 그쳤습니다.

123
👆
18:12~15

사라가 자기 중심으로 웃으며 말했습니다. "내가 쇠한 후인데, 내게 복락이 있겠는가? 나의 주인도 늙었다." 여호와께서 아브라함에게 말씀하셨습니다. "왜 사라는 '내가 늙었는데, 정말로 참으로 낳는가?'라고 말하며 웃는 것이냐? 얘기가 여호와께 불가능이겠느냐? 생명있는 때에, 절기에, 내가 네게 돌아오는데, 사라에게 아들이 있다!" 사라가 부인하여 말했습니다. "저는 웃지 않습니다." 그녀는 두려웠기 때문입니다. 그분이 말씀하셨습니다. "아니다. 너는 웃었다!"

124
👆
18:16~19

그 사람들이 그곳에서 일어났으며, 소돔 앞을 내려다보았는데, 아브라함은 그들을 보내려고 그들과 함께 동행하고 있었습니다. 여호와께서 말씀하셨습니다. "내가 행하는 것을 아브라함에게 내가 덮겠느냐? 아브라함은 크고 강한 민족이 되고 되어, 땅의 모든 민족들이 그로 축복받을 것이다. 왜냐하면 여호와가 아브라함에게 얘기한 것이 그에게 오게하기 위하여, 그가 자기 아들들 그리고 그의 후의 자기 집에게, 여호와의 길을 지켜 의와 법을 행하도록 명령하게 할 것을, 내가 알기 때문이다."

125
👆
18:20~21

여호와께서 말씀하셨습니다. "소돔과 고모라의 울부짖음이 있는데, 그들의 죄가 많아졌으며, 매우 무거워졌기 때문이다. 바라건대, 내가 내려가, 그것이 내게 들어오는 부르짖음인가를 보려한다. 그들은 멸절당함을 행했는데, 그렇지 않은지, 내가 알려한다."

126
👆
18:22~26

그 사람들은 그곳에서 얼굴돌렸으며, 소돔으로 갔습니다. 아브라함은 다시 여호와 앞에 머물러있었습니다. 아브라함이 다가갔으며 말했습니다. "당신은 의로운 자를 악한 자와 함께 멸망시키는 것이 정말입니까? 혹시, 그 성 가운데 의로운 자 50명이 있음에도, 당신은 멸망시키시고, 그 중심에 있는 의로운 자 50명을 위해, 그 지역을 감당하지 않으시는 것이 정말입니까? 당신은 의로운 자가 악한 자와 함께 죽게하는 이 얘기를 행하시는 것이 당신께 불가하며, 의로운 자가 악한 자가 될 것이기에, 당신께 불가합니다. 모든 땅을 재판하시는 분이 법을 행하시지 않습니까?" 여호와께서 말씀하셨습니다. "만약 내가 소돔에서 성 가운데 의로운 자 50명을 발견한다면, 내가 그들을 인하여 모든 지역을 감당할 것이다."

아브라함이 대답하였으며 말했습니다. "오! 바라건대, 저는 저의 주님께 얘기하기를 소망하는데, 저는 흙과 재입니다. 혹시 50명의 의로운 자에서 5명이 줄어든다면, 당신이 5명으로 모든 성을 망하게하십니까?" 그분이 말씀하셨습니다. "만약 그곳에서 45명을 발견하면, 내가 망하게하지 않는다." 그가 다시 그분께 얘기하기를 거듭하였으며 말했습니다. "혹시 그곳에서 40명이 발견된다면요?" 그분이 말씀하셨습니다. "내가 40명을 인하여 행하지 않는다." 그가 말했습니다. "바라건대, 나의 주님은 분노하시면 안됩니다. 제가 얘기하려는데, 혹시 30명이 그곳에서 발견된다면요?" 그분이 말씀하셨습니다. "만약 내가 그곳에서 30명을 발견한다면 행하지 않는다." 그가 말했습니다. "오! 바라건대, 제가 나의 주님께 얘기하기를 소망하는데, 혹시 그곳에서 20명이 발견된다면요?" 그분이 말씀하셨습니다. "20명으로 인하여 망하게하지 않는다." 그가 말했습니다. "바라건대, 나의 주님은 분노하시면 안됩니다. 제가 오직 이번만 얘기하려는데, 혹시 그곳에서 10명이 발견된다면요?" 그분이 말씀하셨습니다. "내가 10명을 인하여 망하게하지 않는다."

여호와께서 아브라함에게 얘기하기를 마치시는 대로 가셨으며, 아브라함은 자기 지역으로 돌아갔습니다.

• 전무후무한 성경 •

• 세계 최초 1:1 대응 번역 •

창세기

19장

129절~142절 [개역개정, KJV 19:1~19:38]

심판의 이유 : 음란

19장

창세기

개역개정, KJV

129

19:1~3

저녁에, 천사 둘이 소돔으로 들어왔는데, 롯은 소돔의 문에 앉아있었습니다. 롯이 보고, 그들을 맞이하려고 일어났습니다. 그가 땅으로 코대고 스스로 절하였으며 말했습니다. "오! 바라건대, 나의 주님은 당신들의 종의 집으로 돌이키십시오! 당신들은 숙박하십시오! 당신들의 양발을 씻으십시오! 당신들은 일찍일어나셔야하며, 당신들의 길을 진행할 것입니다." 그들이 말했습니다. "아니다! 우리는 거리에서 숙박한다." 그가 그들에게 매우 압박하였습니다. 그들이 그에게 돌이켰으며 그의 집으로 들어왔습니다. 그가 그들에게 만찬을 베풀었으며, 굽는떡들을 구웠습니다. 그들이 먹었습니다.

130

19:4~5

그들이 눕기 전에, 그 성의 사람들 곧 소돔의 사람들이 소년부터 노년까지 도처의 모든 백성이 그 집에 돌아졌습니다. 그들이 롯에게 불렀으며, 그에게 말했습니다. "밤에 너에게 들어온 사람들이 어디있느냐? 너는 그들을 우리에게 내보내라! 우리가 그들과 동침하려한다."

131

👆
19:6~8

롯이 출입문에서 그들에게 나왔으며, 뒤로 문을 닫았으며 말했습니다. "바라건대, 나의 형제들아 너희는 악행하면 안된다. 오! 바라건대, 남자와 동침하지 않은 딸 둘이 내게 있어, 내가 그녀들을 너희에게 내보내려한다. 바라건대, 오직 너희의 두눈에 선하게 그녀들에게 행하라! 이 사람들에게는 일을 만들면 안된다. 그들이 내 들보의 그늘로 들어온 것이기 때문이다."

132

👆
19:9~11

그들이 말했습니다. "너는 앞으로 다가와라!" 그들이 말했습니다. "하나가 체류하러 들어와서, 지금 재판하고 재판하였으니, 우리가 그들보다 너에게 악행한다." 그들이 그 남자 곧 롯에게 매우 압박하였으며, 문을 손상시키러 다가갔습니다. 사람들이 자기들의 손을 내밀었으며, 롯을 자기들에게 집으로 들어오게하였습니다. 그리고 그들이 문을 닫았습니다. 그리고 그들은 그 집의 출입문에 있는 사람들을 작은 자부터 큰 자까지 어둠들로 쳤습니다. 그들은 출입문을 발견하는데 고달팠습니다.

133

👆
19:12~13

그 사람들이 롯에게 말했습니다. "여기 네게 누구까지 있느냐? 사위와 네 아들들과 네 딸들과 성에 네게 있는 모든 자를 이 지역에서 나가게하라! 여호와 앞에서 그들의 부르짖음이 커졌기에, 우리가 이 지역을 망하게하는 것이다. 여호와께서 이 성을 망하게하시려고 우리를 보내셨다."

134
👆
19:14

롯이 나갔으며, 자기 딸들을 데려가는 자기 사위들에게 얘기하였으며 말했습니다. "너희는 일어나라! 이 지역에서 나가라! 여호와께서 이 성을 망하게하시기 때문이다." 그의 사위들의 두눈에 웃게 되었습니다.

135
👆
19:15~16

새벽빛이 올라왔을 때, 천사들이 롯에게 재촉하여 말했습니다. "너는 일어나라! 너는 네 여자 그리고 발견된 네 두 딸들을 데려가라! 이 성의 죄벌로 네가 멸망당하지 않기 위함이다." 그가 스스로 지체하였습니다. 그 사람들이 롯에 대한 여호와의 긍휼로, 그의 손과 그의 여자의 손과, 그의 두 딸들의 손을 붙잡았습니다. 그들이 그를 나오게하였으며, 성 밖에 그를 머물게하였습니다.

136
👆
19:17~20

그들이 그들을 밖으로 나오게하게 되었으며, 그가 말했습니다. "너는 네 목숨을 위하여 도피되어라! 너는 뒤를 바라보면 안된다. 너는 모든 평야에서 멈추면 안된다. 너는 산으로 도피되어라! 네가 멸망되지 않기 위함이다." 롯이 그들에게 말했습니다. "바라건대, 안됩니다. 나의 주님! 오! 바라건대, 당신의 종이 당신의 두눈에 은혜를 얻었으며, 당신은 제 목숨이 살게하도록 제게 베푸신 당신의 인자를 크게하셨습니다. 저는 산으로 도피될 수 없는데, 악한 자가 저를 추격하여 제가 죽지 않기 위함입니다. 오! 바라건대, 이 성은 그곳으로 도망하기에 가까우며, 그것은 작은 것이니, 바라건대, 제가 그곳으로 도피되려합니다. 그것은 작은 것이 아닙니까? 제 목숨이 삽니다."

137

🖐
19:21~23

그가 그에게 말했습니다. "오! 네가 얘기한 성을 내가 변환시키지 않음으로, 내가 네 앞에서 이 얘기도 감당하였다. 너는 서둘러라! 너는 그곳으로 도피되어라! 네가 그곳으로 들어가기까지, 나는 일을 행할 수 없다." 그렇게해서, 그 성의 이름이 소알이라 불렸습니다. 태양이 땅위로 나왔으며, 롯은 소알로 들어갔습니다.

138

🖐
19:24~26

여호와께서 소돔 위에, 고모라 위에, 여호와에게서의 유황과 불을 두하늘에서 비내리게하셨습니다. 이 성들 그리고 모든 평야 그리고 성들에 거하는 모든 자들과 토지에 자라는 것을 변환시키셨습니다. 그의 뒤에서 그의 여자가 바라보았습니다. 그녀는 소금의 전신상이 되었습니다.

139

🖐
19:27~29

아브라함이 여호와 앞에 자기가 서있던 지역을 향해 아침에 일찍일어났습니다. 그가 소돔과 고모라 방향으로, 평야의 모든 땅의 방향으로 내려다보았습니다. 오! 그가 보았는데, 땅의 연기가 전쟁화염의 연기처럼 올라갔습니다. 하나님들이 평야의 성들을 망하게하시게 되었지만, 하나님들이 아브라함을 기억하셔서, 롯이 거했던 성들을 변환시키는 변환 가운데 롯을 내보내신 것입니다.

140

🖐
19:30~32

롯이 소알로 올라왔습니다. 그가 소알에서 거하는 것이 두려웠기에, 자기 두 딸과 함께 산에 거하였습니다. 그는 자기 두 딸과 굴에 거하였습니다. 큰딸이 작은딸에게 말했습니다. "우리 아버지는 늙으셨으며, 모든 땅의 길로 우리에게 오는 남자가 이 땅에는 없다. 너는 와야한다! 우리가 우리 아버지에게 포도주를 마시게하고, 그와함께 동침하자. 우리는 우리 아버지에게 자손이 살게한다."

141

19:33~35

그녀들이 자기들의 아버지에게 포도주를 마시게하였습니다. 그 밤에, 큰딸이 들어갔으며 자기 아버지와 동침하였습니다. 그는 그녀가 동침하고 일어나는 것을 알지 못했습니다. 다음 날이 되었으며, 큰딸이 작은딸에게 말했습니다. "보라! 어젯 밤, 내가 나의 아버지와 동침하였다. 우리가 이 밤에도 그에 게 포도주를 마시게하자. 너는 들어가라! 네가 그와함께 동침 하라! 우리가 우리 아버지에게 자손이 살게한다." 그 밤에도, 그녀들이 자기들의 아버지에게 포도주를 마시게하였으며, 작 은딸이 일어났고 그와 함께 동침하였습니다. 그는 그녀의 동 침하고 일어나는 것을 알지 못했습니다.

142

19:36~38

롯의 두 딸이 자기들의 아버지로 잉태하였습니다. 큰딸이 아 들을 낳았으며, 그의 이름을 모압이라 불렀습니다. 그는 오늘 까지 모압의 아버지입니다. 작은딸, 그녀도 아들을 낳았는데, 그녀는 그의 이름을 벤-암미라고 불렀으며, 그는 오늘까지 암 몬의 아들들의 아버지입니다.

20장

143절~**149**절 [KJV 20:1~20:18]

구원받은 자를 지옥으로 인도하는 은밀한 죄

20장

창세기

개역개정, KJV

143
20:1

아브라함이 그곳에서 남쪽 땅으로 이동하였으며, 가데스와 수르 사이에 거하였다가 그랄에 체류하였습니다.

144
20:2~5

아브라함이 자기 여자 사라를, "그녀는 나의 누이입니다."라고 말했습니다. 그랄의 왕 아비멜렉이 사람보내었으며 사라를 데려왔습니다. 하나님들이 밤에 아비멜렉에게 꿈에 들어갔으며 그에게 말씀하셨습니다. "자! 너는 네가 데려온 여자로 인해 죽는데, 그녀는 남편에게 아내된 자다." 아비멜렉이 그녀와 가까워지지 않았기에 말했습니다. "나의 주님! 당신은 의로운 민족도 죽이십니까? 그가 나에게 '그녀는 나의 누이입니다.'라고 말하지 않았습니까? 그녀도 '그는 나의 형제입니다.'라고 말했습니다. 나는 내 마음의 완전함과 내 손바닥들의 무죄함으로 이렇게 행하였습니다."

145
20:6~7

하나님들이 꿈에 그에게 말씀하셨습니다. "나도 네가 마음의 완전함으로 이렇게 행하였다는 것을 안다. 나도 네가 내게 범죄하는 것을 막았는데, 그렇게해서, 네가 그녀를 만지도록 내가 주지 않은 것이다. 지금 너는 그 남자의 여자를 돌아가게하라! 그는 선지자이다. 그가 너를 인하여 스스로 기도한다. 너는 살아라! 만약 네가 돌아가게하지 않으면, 너와 네게 있는 모든 자가 죽고 죽는다는 것을 너는 알라!"

146

20:8~10

아비멜렉이 아침에 일찍일어났으며, 자기의 모든 종들을 불렀으며, 이 모든 일들을 그들의 귀들에 얘기하였습니다. 그 사람들이 매우 두려워하였습니다. 아비멜렉이 아브라함을 불러 그에게 말했습니다. "너는 우리에게 무엇을 행하였느냐? 내가 네게 무엇을 범죄하였느냐? 네가 나와 내 나라에 대해 큰 죄악으로 들어가게하였기 때문이다. 행해지지 않는 행위들을, 네가 내게 행하였다." 아비멜렉이 아브라함에게 말했습니다. "네가 이 일을 행하였으니, 너는 어떻게 보았느냐?"

147

20:11~13

아브라함이 말했습니다. "이 지역에서는, 하나님들께의 경외심이 없으므로, 사람들이 나의 여자의 일로 나를 죽일 것이라고 내가 단지 말했기 때문입니다. 실제로도, 그녀는 나의 누이로서, 오직 나의 아버지의 딸이지만, 내 어머니의 딸은 아닌데, 내게 여자가 되었습니다. 하나님들이 나로 나의 아버지의 집을 떠나방황하게하는 때가 있었는데, 내가 그녀에게 말했습니다. '다음은 우리가 가는 모든 지역에서 당신이 나에게 베푸는 당신의 인자함입니다. 당신은 나를 "그는 나의 형제입니다."라고 말하십시오!'"

148
👆
20:14~16

아비멜렉이 양염소떼와 소떼와 남종들과 여종들을 데려왔으며, 아브라함에게 주었으며, 그의 여자 사라도 그에게 돌아가게 하였습니다. 아비멜렉이 말했습니다. "오! 나의 땅이 네 앞에 있다. 네 두눈에 선한 대로 거하라!" 그가 사라에게 말했습니다. "오! 내가 은 1000개를 네 형제에게 주었으니, 오! 그것은 너와, 네게 있는 모두에게 두눈을 덮는 것이며, 그리고 네가 책망되어진 모든 것이다."

149
👆
20:17~18

아브라함이 하나님들에게 스스로 기도드렸습니다. 하나님들이 아비멜렉 그리고 그의 여자와 그의 여종들을 치료하셨습니다. 그녀들이 낳았는데, 여호와께서 아브라함의 여자 사라의 일로 아비멜렉의 집에 모든 태를 그치게하고 그치게하셨기 때문입니다.

21장

150절~**161**절 [개역개정, KJV 21:1~21:34]

지옥 가는 유사기독교와 달리,
천국 갈 것 같은 유사 구원

21장

창세기

☞ 개역개정, KJV

150
☞
21:1~3

여호와께서 자신이 말씀하신 대로 사라를 헤아리셨습니다. 여호와께서 얘기하신 대로 사라에게 행하셨습니다. 하나님들이 아브라함에게 얘기하신 대로 그의 노년기에 그의 절기에, 사라가 잉태하였으며 그에게 아들을 낳았습니다. 아브라함은 사라가 자기에게 낳은, 자기에게 낳아진 자기 아들의 이름을 이삭이라 불렀습니다.

151
☞
21:4~7

아브라함은 하나님들이 자기에게 명령하신 대로 8일의 아들, 자기 아들 이삭을 할례하였습니다. 아브라함은 100년의 아들이었고, 자기 아들 이삭이 자기에게 낳아진 것입니다. 사라가 말했습니다. "하나님들이 나에게 웃음을 만드셨으니, 듣는 모든 자가 나와 웃는다." 그녀가 말했습니다. "내가 아브라함의 노년기에 아들을 낳았기에, '사라가 아들들을 젖먹일 것이다.'라고 누가 그에게 전달할 것인가?"

152
☞
21:8~10

자녀가 커졌으며 젖떼어졌습니다. 아브라함은 이삭이 젖떼어지는 날에, 큰 만찬을 베풀었습니다. 애굽족속 하갈이 아브라함에게 낳은, 그녀의 아들이 웃는 것을, 사라가 보았습니다. 그녀가 아브라함에게 말했습니다. "이 여종 그리고 그녀의 아들을 쫓아내십시오! 이 여종의 아들은 내 아들과 함께 곧 이삭과 함께 상속하지 못하기 때문입니다."

153
☞
21:11~13

아브라함이 자기 아들의 이유를 인하여, 자기 두눈에 그 일로 매우 근심하였습니다. 하나님들이 아브라함에게 말씀하셨습니다. "소년을 인해 네 여종을 인해 네 두눈에 근심하면 안된다. 사라가 네게 말하는 그녀의 음성을 모두 들어라! 이삭에서 자손이 네게 불리기 때문이다. 여종의 아들도 내가 민족으로 정하는데 그도 네 자손이기 때문이다."

154
☞
21:14~16

아브라함이 아침에 일찍일어났습니다. 그는 빵과 물의 가죽부대를 가져왔으며, 하갈의 어깨 위에 메우도록 그녀에게 주었습니다. 그리고 그가 그녀에게 자녀를 보내었습니다. 그녀가 갔으며 브엘-세바의 광야에서 방황하였습니다. 물이 가죽부대에서 마쳤습니다. 그녀는 한 수풀 아래로 자녀를 던졌습니다. 그녀는 갔으며, 화살을 쏘아 멀어지는 마주한 곳에 앉았는데, 그녀는 "내가 자녀의 죽음을 보면 안된다."라고 말했기 때문입니다. 그녀는 마주한 곳에 앉았으며, 자기 음성을 높였으며 울었습니다.

155
21:17~18

하나님들이 소년의 음성을 들으셨습니다. 하나님들의 천사가 두하늘에서 하갈을 불렀으며 그녀에게 말했습니다. "하갈아! 네게 무슨 일이냐? 하나님들이 소년이 있는 그곳에서, 그의 음성을 들으셨으니, 두려워하면 안된다. 너는 일어나라! 너는 소년을 들어올려라! 너는 네 손으로 그를 붙들어라! 내가 그를 큰 민족으로 정하였기 때문이다."

156
21:19~20

하나님들이 그녀의 두눈을 밝아지게하셨습니다. 그녀는 물의 우물을 보았으며, 갔습니다. 그녀는 가죽부대에 물을 채웠으며, 소년에게 마시게하였습니다. 하나님들이 소년과 계셨습니다. 그가 커졌습니다. 그는 광야에 거하였으며, 화살이 많아지게 되었습니다.

157
21:21

그가 바란의 광야에 거하였습니다. 그의 어머니가 애굽의 땅에서 여자를 그에게 데려왔습니다.

158
21:22~23

그 때에, 아비멜렉이 자기 군대의 장관 비골과 더불어, 아브라함에게 말하기를, "네가 행하는 모든 일에 하나님들이 너와 함께 하신다. 지금 너는 나와 나의 자녀와 나의 손자를 속이지 않기를, 너는 이곳에서 하나님들로 내게 맹세되어라! 내가 너와 함께 행한 인자를 따라, 너는 나에게와 네가 체류한 이 땅에게 행한다."라고 말했습니다.

159
21:24~27上

아브라함이 말했습니다. "내가 맹세된다." 아비멜렉의 종들이 빼앗은 물의 우물의 이유들을 인하여, 아브라함이 아비멜렉을 책망하였습니다. 아비멜렉이 말했습니다. "누가 이 일을 행하였는지 내가 알지 못한다. 너도 내게 알게하지 않았고, 나도 오늘 외에는 듣지 못했다." 아브라함이 양염소떼와 소떼를 가져왔으며, 아비멜렉에게 주었습니다.

160

🖐

21:27下~32

그들 둘이 언약을 맺었습니다. 아브라함이 양떼의 일곱 어린 암양을 따로 세웠습니다. 아비멜렉이 아브라함에게 말했습니다. "왜 너는 이 일곱 어린암양들, 그것들을 따로 세우느냐?" 그가 말했습니다. "내가 이 우물을 판 증표로서, 네가 내게 있도록, 너는 일곱 어린암양을 내 손에서 데려가라." 그렇게해서 둘이 그곳에서 맹세되었으므로, 그는 그 지역을 브엘-세바라고 불렀습니다. 그들이 브엘-세바에서 언약을 맺었으며, 아비멜렉과 그의 군대의 장관 비골이 일어났으며, 블레셋족속의 땅으로 돌아갔습니다.

161

🖐

21:33~34

그는 브엘-세바에서 에셀나무를 심었습니다. 그가 그곳에서 여호와의 이름을 '하나님 영원'이라 불렀습니다. 아브라함이 블레셋족속의 땅에서 많은 날들을 체류하였습니다.

GENESIS

22장

162절~172절 [개역개정, KJV 22:1~22:24]

성령의 음성에의 순종

22장

창세기

✋ 개역개정, KJV

162
✋
22:1~2

이 일들 후에, 하나님들이 아브라함을 시험하셨는데, 그에게 말씀하셨습니다. "아브라함아!" 그가 말했습니다. "제가 여기 있습니다." 그분이 말씀하셨습니다. "바라건대, 너는 네가 사랑하는 네 유일한 아들 이삭을 동반하라! 너는 모리아의 땅에 가라! 너는 내가 네게 말하는 산들 중 한 산, 그곳에서 그를 번제물로 올려라!"

163
✋
22:3~4

아브라함이 아침에 일찍 일어났습니다. 그는 자기 수나귀에 안장지웠습니다. 그는 자기 두 소년과 그리고 자기 아들 이삭과 동반하였습니다. 그는 번제물의 나무들을 쪼개었습니다. 그는 일어났으며, 하나님들이 자기에게 말씀하신 지역에 갔습니다. 세번째 날, 아브라함이 자기 두눈을 들어올렸으며, 그 지역을 멀리서 보았습니다.

164
✋
22:5~6

아브라함이 자기 소년들에게 말했습니다. "너희는 여기서 수나귀와 함께 거하라! 나는 이 소년과 저기까지 가려한다. 우리는 스스로 절하고, 너희에게 돌아오려한다." 아브라함이 번제물의 나무들을 가져왔으며, 자기 아들 이삭에게 메웠으며, 자기 손에 불 그리고 칼을 가져왔습니다. 그들은 둘이 함께 갔습니다.

165
22:7

이삭이 자기 아버지 아브라함에게 말했습니다. 그가 말했습니다. "나의 아버지!" 그가 말했습니다. "내 아들아! 내가 여기 있다." 그가 말했습니다. "오! 불과 나무들은 있는데, 번제물로의 어린양은 어딨습니까?"

166
22:8

아브라함이 말했습니다. "내 아들아! 하나님들이 자기에게 번제물로의 어린양을 보신다." 그들은 둘이 함께 갔습니다.

167
22:9~11

그들은 하나님들이 그에게 말씀하신 지역에 왔습니다. 아브라함이 그곳에 제단을 건축하였으며, 나무들을 벌였으며, 자기 아들 이삭을 결박하였으며, 나무들 위쪽 제단 위에 그를 놓았습니다. 아브라함이 자기 손을 내밀었으며, 자기 아들을 희생시키려고 칼을 잡았습니다. 여호와의 천사가 두하늘에서 그를 불렀으며 말했습니다. "아브라함아! 아브라함아!" 그가 말했습니다. "제가 여기 있습니다."

168
22:12

그가 말했습니다. "그 소년에게 네 손을 내밀면 안된다. 그에게 어떤것도 행하면 안된다. 네가 하나님들을 두려워하며, 네 유일한 아들을 내게서 아끼지 않은 것을, 내가 지금 알기 때문이다."

169

22:13~14

아브라함이 자기 두눈을 들어올렸습니다. 오! 그는 뒤에 덤불에 두뿔이 붙잡혀있는 숫양을 보았습니다. 아브라함은 갔으며, 숫양을 가져왔습니다. 그는 그의 아들 대신 번제물로 그것을 올렸습니다. 아브라함은 그 지역의 이름을, "여호와의 산에서 그것이 보여진다."라고 오늘 전해지는 것같이, '여호와 이레'라고 불렀습니다.

170

22:15~18

여호와의 천사가 아브라함에게 두하늘에서 둘째로 불렀습니다. 그가 말했습니다. "네가 이 일을 행하여, 네 유일한 아들을 아끼지 아니하였기 때문에, 내가 나로 여호와의 말씀이 맹세될 것인데, 내가 너를 축복하고 축복하며, 네 자손이 두하늘의 별들같고 바다의 둔치 위에 있는 모래같이 많아지게하고 많아지게할 것이며, 네 자손이 자기를 대적하는 자들의 문을 점령한다. 네가 나의 음성을 들었기 때문에, 땅의 모든 민족들 자신들이 네 자손으로 축복받을 것이다."

171

22:19

아브라함이 자기 소년들에게 돌아왔습니다. 그들은 일어났으며, 함께 브엘-세바에 갔습니다. 아브라함은 브엘-세바에 거하였습니다.

172

22:20~24

이 일들 후에, 누군가 아브라함에게 알려주어 말했습니다. "오! 밀가, 그녀도 당신의 형제 나홀에게 아들들, 곧 그의 장자 우스 그리고 그의 형제 부스 그리고 아람의 아버지 그므엘 그리고 게셋 그리고 하소 그리고 빌다스 그리고 이들랍 그리고 브두엘을 낳았습니다." 브두엘은 리브가를 낳았습니다. 이

여덟은 아브라함의 형제 나홀에게서 밀가가 낳았습니다. 이름이 르우마인 그의 첩, 그녀도 데바 그리고 가함 그리고 다하스 그리고 마아가를 낳았습니다.

창세기

173절~180절 [개역개정, KJV 23:1~23:20]

헤브론 : 천국 가는 순간의
영적인 구원의 땅

23장

창세기

개역개정, KJV

173

23:1~3上

사라의 삶은 100년 20년 7년으로서, 사라의 삶의 연수이었습니다. 사라가 기럇-아르바 곧 가나안의 땅 헤브론에서 죽었습니다. 아브라함은 사라로 슬퍼하며 그녀로 울며 들어갔습니다. 아브라함은 자기의 죽은 자 앞에서 일어났습니다.

174

23:3下~4

그가 헷의 아들들에게 얘기하여 말했습니다. "나는 당신들과 함께하는 이방인이며 거주민입니다. 당신들은 당신들과 함께 있는 매장지의 소유권을 내게 주십시오! 나는 나의 죽은 자를 내 앞에서 장사하려합니다."

175

23:5~9

헷의 아들들이 아브라함에게 대답하여 그에게 말했습니다. "당신은 우리에게 들으십시오! 나의 주인님! 우리 가운데 당신은 하나님들의 족장입니다. 당신은 우리 매장지들 중 선택하여 당신의 죽은 자를 장사하십시오! 우리 중에 남자가 자기 매장지에서, 당신의 죽은 자를 장사하는 것을 당신에게서 가로막지 못합니다." 아브라함이 일어났으며, 그 땅의 백성 헷의 아들들에게 스스로 절하였으며, 그들에게 얘기하여 말했습니다. "만약 나의 죽은 자를 내 앞에서 장사하는데 당신들의 영혼이 있다면, 당신들은 내게서 들으십시오! 소할의 아들 에브론을 나를 위해 만나십시오! 그가 자기에게 있는 자기 들의 가장자리에 막벨라의 굴을 충분한 은으로 내게 줍니다. 그가 매장지의 소유권을 당신들 가운데 내게 줍니다."

176
👆
23:10~11

에브론이 헷의 아들들 가운데 앉아있었습니다. 헷족속인 에브론이 성의 문에 들어오는 모든 헷의 아들들의 귀들에서 아브라함에게 대답하여 말했습니다. "나의 주인님! 아닙니다! 당신은 내게서 들으십시오. 내가 들과 그 안에 있는 굴을 당신께 줄 것입니다. 나는 내 백성의 아들들의 두눈에서 그것을 당신께 줄 것입니다. 내가 당신께 줄 것이니, 당신은 당신의 죽은 자를 장사하십시오!"

177
👆
23:12~13

아브라함이 그 땅의 백성 앞에서 스스로 절하였습니다. 그가 에브론에게 그 땅의 백성의 두귀에서 얘기하여 말했습니다. "만약 오직 당신이 그렇다면, 당신은 내게서 들으십시오! 내가 들의 은을 줄 것입니다. 당신은 내게서 가져가십시오! 나는 나의 죽은 자를 그곳으로 장사하렵니다."

178
👆
23:14~15

에브론이 아브라함에게 대답하여 그에게 말했습니다. "나의 주인님! 당신은 내게서 들으십시오! 땅은 은 400세겔인데, 나와 당신 사이에 어떻게 그렇게 하겠습니까? 그러니 당신은 당신의 죽은 자를 장사하십시오!"

179

23:16~18

아브라함이 에브론에게 들었습니다. 아브라함은 헷의 아들들의 두귀에서, 자기가 얘기한 대로 은을 달았는데, 매매로 통용하는 은 400세겔입니다. 그가 성의 문에 들어오는 헷의 아들들 모든 자의 두눈에서, 마므레 앞에 있는 막벨라에 있는 에브론의 들 곧 그 들과 그 안에 있는 굴과, 들에 있는 곧 사면에 그의 모든 범위에 있는 모든 나무를 아브라함에게 소유물로 확정하였습니다.

180

23:19~20

그런 후에, 아브라함이 자기 여자 사라를 마므레 앞에 막벨라의 들의 굴에 장사하였는데, 그것은 가나안의 땅 헤브론입니다. 아브라함은 그 들과 그 안에 있는 굴을 헷의 아들들에게서 자기에게 매장지의 소유로 확정하였습니다.

24 장

181절~199절 [개역개정, KJV 24:1~24:67]

결혼 지침

24장

창세기

🖐 개역개정, KJV

181
🖐
24:1~4

아브라함이 늙었습니다. 그가 나이에서 갔습니다. 여호와께서 아브라함을 모든 것에 축복하셨습니다. 아브라함이 자기에게 있는 모든 것을 다스리는 자기의 집의 노년의 자기 남종에게 말했습니다. "바라건대, 네 손을 내 궁둥이 아래 넣어라! 내가 두하늘의 하나님들과 땅의 하나님들이신 여호와로 네게 맹세하게하는데, 너는 내가 그 중심에 거하는 가나안족속의 딸들에서 내 아들의 여자를 데려오지 말라. 너는 나의 땅으로, 나의 친척에게 가서, 내 아들 이삭에게 여자를 데려올 것이다."

182
🖐
24:5

남종이 그에게 말했습니다. "혹시 여자가 나를 따라 이 땅에 오기를 원하지 않는다면, 내가 당신이 나오신 그 땅에 당신의 아들을 돌아가게하고 돌아가게합니까?"

183
🖐
24:6~8

아브라함이 그에게 말했습니다. "너는 자신에게 지켜져라! 네가 내 아들을 그곳으로 돌아가게하지 않기 위함이다. 내 아버지의 집과 내 친척의 땅에서 나를 데려오셨으며, 또한 '네 자손에게 이 땅을 준다.'라는 말로 내게 맹세되셔서 내게 얘기하신, 두하늘의 하나님들 여호와, 그분이 네 앞에 자기 천사를 보내신다. 너는 그곳에서 내 아들에의 여자를 데려올 것이다. 만약 여자가 너를 따라 오기를 원하지 않으면, 너는 나의 이 맹세에 무죄된다. 오직 너는 내 아들을 그곳으로 돌아가게 하지 말라."

184
👆
24:9~10

남종이 자기 주인 아브라함의 궁둥이 아래 자기 손을 넣었습니다. 그는 이 일에 대하여 그에게 맹세하게하였습니다. 남종은 자기 주인의 낙타들 중 10마리의 수낙타를 데려왔으며, 자기 주인의 모든 선한 것을 가지고 갔습니다. 그가 일어났으며, 아람 두강에, 나홀의 성에 갔습니다.

185
👆
24:11~14

저녁의 때, 여자들이 길으러 나올 때, 그는 성 밖에, 물의 우물에서 낙타들을 축복하였으며 말했습니다. "나의 주인 아브라함의 하나님들이신 여호와여! 바라건대, 당신이 오늘 제 앞에 임하시옵소서! 당신이 나의 주인 아브라함과 함께하는 인자를 베풀어주옵소서! 오! 제가 물의 샘 곁에 서있는데, 성의 사람들의 딸들이 물을 길으러 나오며, 제가 소녀에게, '바라건대, 너는 너의 항아리를 눕히게하라! 내가 마신다.'라고 말하게 될 것인데, 그녀가, '당신은 마시세요! 당신의 수낙타들에게도 제가 마시게합니다.'라고 말할 것이면, 그녀는 당신이 당신의 종 이삭을 책망하게할 자입니다. 그녀를, 저는 당신이 나의 주인과 함께하는 인자를 베푸실 자로 압니다."

186
24:15~16

그가 얘기하기를 마치기 전이었고, 오! 리브가가 나오는데, 그녀는 아브라함의 형제 나홀의 여자 밀가의 아들 브두엘에게서 낳아진 자였는데, 자기 항아리가 자기 어깨 위에 있었습니다. 소녀는 모양이 매우 선한 처녀였으며, 남자가 그녀와 동침하지 않았습니다. 그녀가 샘으로 내려갔으며, 자기 항아리에 채웠으며, 올라왔습니다.

187
24:17~20

남종이 그녀를 맞이하려고 달려갔으며 말했습니다. "바라건대, 네가 네 항아리에서 조금의 물을 내게 들이마시게하라!" 그녀가 말했습니다. "나의 주인님! 마시세요!" 그녀가 서둘렀으며, 자기 손에 자기 항아리를 내렸으며, 그를 마시게하였습니다. 그녀가 그를 마시게하기를 마쳤으며 말했습니다. "당신의 수낙타들도 마시기를 마칠 때까지, 내가 긷습니다." 그녀가 서둘렀으며, 자기 항아리를 구유에 비웠습니다. 그녀가 길으려고 우물에 다시 달려갔으며, 그의 모든 수낙타들을 위해 길었습니다.

188
24:21~25

남자는 그녀일 것이라고 스스로 생각하고, 여호와께서 자기 길을 형통하게하신 것인지 아닌지를 알려고 잠잠하였습니다. 수낙타들이 마시기를 마치게 되는 대로, 남자가 1베가(5.7g) 중량의 금 고리와, 그녀의 두손에 대한 10베가 중량의 금 팔찌 둘을 가져왔으며 말했습니다. "너는 누구의 딸이냐? 바라건대, 너는 내게 알게하라! 네 아버지의 집에 우리가 숙박할 장소가 있느냐?" 그녀가 그에게 말했습니다. "나는 나홀에게 낳은 밀가의 아들 브두엘의 딸입니다." 그녀가 그에게 말했습니다. "우리와 함께 짚도 보리도 많으며 숙박할 장소도 있습니다."

189

24:26~27

남자가 이마땅에대었으며 여호와께 스스로 절하였으며 말했습니다. "나의 주인 아브라함의 하나님들 여호와는 축복되시도다! 나의 주인과 함께하는 그분의 인자와 진리가, 내가 길에 있는데, 떠나지 않았으며, 여호와께서 내 주인의 형제의 집으로 인도하셨습니다."

190

24:28~30

소녀가 달려갔으며, 자기 어머니의 집에 이 얘기들을 알게하였습니다. 리브가에게 형제가 있는데, 그의 이름은 라반입니다. 라반이 밖으로 그 샘에 그 남자에게 달려갔습니다. 그가 고리 그리고 자기 누이의 두손에 팔찌들을 보고 또한 자기 누이 리브가가 "그 남자가 나에게 이와같이 얘기했습니다."라고 말하는 얘기들을 듣게 되었습니다. 그가 그 남자에게 갔는데, 오! 그는 샘 곁에 수낙타들 곁에 서있었습니다.

191

24:31~33

그가 말했습니다. "여호와께 축복받은자여! 들어오십시오! 왜 당신은 밖에 서있습니까? 나는 수낙타들에게 집과 장소로 향할 것입니다." 남자가 집으로 들어왔습니다. 그는 수낙타들을 짐풀어주었습니다. 그는 수낙타들에게 짚과 보리를, 또한 그의 양발과 그에게 있는 사람들의 양발을 씻을 물을 주었습니다. 그가 그 앞에 먹을 것을 집어넣었습니다. 그가 말했습니다. "내가 나의 얘기들을 얘기할 때까지는 먹지 않습니다." 그가 말했습니다. "얘기하십시오!"

그가 말했습니다. "나는 아브라함의 남종입니다. 여호와께서 나의 주인을 매우 축복하셨으며, 커지게하셨으며, 그에게 양 염소떼와 소떼와 은과 금과 남종들과 여종들과 수낙타들과 수나귀들을 주셨습니다. 나의 주인의 여자 사라가 자기 노년 후, 나의 주인에게 아들을 낳았습니다. 그는 자기에게 있는 모든 것을 그에게 주었습니다. 나의 주인이 나에게 맹세하게 하여 말했습니다. '너는 내가 거하는 땅에 있는 가나안족속의 딸들 중에서 내 아들의 여자를 데려오지 말라. 도리어 그렇게하지 말고, 너는 내 아버지의 집에, 내 족속에게 가서, 내 아들에의 여자를 데려올 것이다.' 내가 나의 주인에게 말했습니다. '혹시 여자가 나를 따라 오지 않으면 어떡합니까?' 그가 내게 말하기를, '내가 스스로 그분 앞에 동행했던 여호와께서, 자기 천사를 네게 보내셔서, 네 길을 형통하게하실 것이다. 너는 내 족속, 내 아버지의 집에서 내 아들에의 여자를 데려올 것이다. 네가 내 족속에게 가는데, 만약 그들이 네게 주지 않는다면, 그때 너는 나의 맹세에 무죄된다. 너는 나의 맹세에 무죄하게 될 것이다.'라고 했습니다. 내가 오늘 샘에 와서 말하기를, '나의 주인 아브라함의 하나님들 여호와여! 바라건대, 만약 제가 진행하는 나의 길에 형통하게하심이 있다면, 오! 제가 물의 샘 곁에 서져있고, 처녀가 길으려고 나오게 될 것이고, 내가 그녀에게 "바라건대, 너는 네 항아리에서 조금의 물을 내게 마시게하라!"라고 말할 것이고, 그녀가 나에게, "당신도 당신의 수낙타들도 마시세요! 제가 긷습니다."라고 말할 것이면, 그녀는 여호와께서 나의 주인의 아들을 책망하게하실 여자입니다.'라고 했습니다. 내가 내 마음에 얘기하기를 마치기 전에, 오! 리브가와 그녀의 어깨 위의 자기 항아리가 나오고, 샘으로 내려갔으며, 길었습니다. 내가 그녀에게 말했습니다. '바라건대, 너는 나를 마시게하라!' 그녀가 서둘렀으며, 자기 위에서 자기 항아리를 내리게하였으며 말하기를, '당신은 마시세요! 당신의 수낙타들에게도 내가 마시게합니다.'라고 했습니다. 나는 마셨으며, 그녀는 수낙타들에게도 마시게하였습니다. 내가 그녀에게 물었으며 말했습니다. '너는 누구의 딸이냐?' 그녀가 말하기를, '밀가가 나홀에게 낳은 나홀의 아들 브두엘의 딸입니다.'라고 했습니다. 내가 고리를 그녀의 코에, 팔찌들을 그녀의 두손에 달게하였습니다. 내가 이마땅에대었으며 여호와께 스스로 절하였으며, 내 주인의 형제의 딸을 그의 아들에게 데려가도록 진리의 길로 나를 인도하신 나의 주인 아브라함의 하나님들 여호와를 축복하였습니다. 지금, 만약 당신들이 나의 주인에게 인자와 진리를 베푸는 것이 있다면, 내게 알게하십시오! 만약 아니라면, 당신들은 내게 알게하십시오! 나는 오른쪽을 향하여 또는 왼쪽을 향하여 얼굴돌립니다."

193
👆
24:50~51

라반과 브두엘이 대답하였으며 말했습니다. "여호와께서 이 일을 내셨습니다. 우리는 악하게나 선하게 당신께 얘기할 수 없습니다. 오! 당신 앞의 리브가가 있으니, 동반하십시오! 가십시오! 그녀는 여호와께서 얘기하신 대로 당신의 주인의 아들에의 여자가 됩니다!"

194

24:52~56

아브라함의 남종이 그들의 얘기들을 듣게 되자, 땅으로 여호와께 스스로 절하였습니다. 남종이 은의 그릇들과 금의 그릇들을 내게하였으며, 리브가에게 의복들을 주었으며, 그녀의 형제와 그녀의 어머니에게 보물들을 주었습니다. 그와 및 그와 함께 있던 사람들이 먹고 마셨으며 숙박하였습니다. 그들이 아침에 일어났습니다. 그가 말했습니다. "당신들은 나를 나의 주인에게 보내십시오!" 그녀의 형제와 그녀의 어머니가 말했습니다. "소녀가 우리와 며칠이나 10일을 거하며, 후에 갑니다." 그가 그들에게 말했습니다. "당신들은 나를 지체하게하면 안됩니다. 여호와께서 나의 길을 형통하게하셨습니다. 당신들은 나를 보내십시오! 나는 나의 주인에게 가려합니다."

195

24:57~58

그들이 말했습니다. "우리가 소녀를 불러 그녀의 입에 물으려합니다." 그들이 리브가를 불렀으며 그녀에게 말했습니다. "너는 이 남자와 함께 가겠느냐?" 그녀가 말했습니다. "나는 가겠습니다."

196

24:59~61

그들이 자기들의 누이 리브가 그리고 그녀의 젖먹이는자 그리고 아브라함의 남종 그리고 그의 사람들을 보내었으며, 리브가를 축복하였으며 그녀에게 말했습니다. "우리의 누이여! 너는 천만명이 되어라! 네 자손은 그를 미워하는 자들의 문을 점령한다." 리브가가 자기 소녀들과 일어났습니다. 그녀들은 수낙타들을 탔으며, 남자를 따라 갔습니다. 남종은 리브가를 동반하였으며 갔습니다.

197
👆
24:62~63

이삭이 브엘-라해-로이로 가고 갔는데, 남쪽의 땅에 거하고 있던 것입니다. 저녁으로 향하는데, 이삭이 들에서 묵상하려고 나갔습니다. 그가 자기 두눈을 들었으며 보았는데, 오! 수낙타들이 오는 것입니다.

198
👆
24:64~66

리브가가 자기 두눈을 들었으며, 이삭을 보았으며, 수낙타 위에서 내렸으며, 남종에게 말했습니다. "우리를 맞이하러 들에서 진행하는 저 남자는 누구입니까?" 남종이 말했습니다. "그는 나의 주인입니다." 그녀가 얼굴가리개를 가져왔으며 스스로 덮었습니다. 남종이 이삭에게 자기가 행한 모든 일들을 보고하였습니다.

199
👆
24:67

이삭이 그녀를 자기 어머니 사라의 장막으로 들어가게하였습니다. 그리고 그는 리브가를 데려왔습니다. 그녀가 그에게 여자가 되었습니다. 그가 그녀를 사랑하였습니다. 이삭은 그의 어머니 후에 위로받았습니다.

GENESIS

25장

200절~210절 [개역개정, KJV 25:1~25:34]

행복과 양식으로의 미혹

25장

창세기

개역개정, KJV

200

25:1~4

아브라함이 거듭하여, 여자를 데려왔는데, 그녀의 이름은 그두라입니다. 그녀가 그에게 시므란 그리고 욕산 그리고 므단 그리고 미디안 그리고 이스박 그리고 수아를 낳았습니다. 욕산은 시바 그리고 드단을 낳았습니다. 드단의 아들들은 앗수르와 르두시와 르움미였습니다. 미디안의 아들들은 에바와 에벨과 하녹과 아비다와 엘다아였으며, 이들 모두는 그두라의 아들들입니다.

201

25:5~6

아브라함이 자기에게 있는 모든 것을 이삭에게 주었습니다. 아브라함에게 있는 첩들의 아들들에게, 아브라함은 선물들을 주었습니다. 그는 자기가 살아있는 동안, 자기 아들 이삭에게서 동쪽으로, 동쪽의 땅에 그들을 내보내었습니다.

202

25:7~10

아브라함이 생명누린 생명의 이 연수의 기간은, 100년 70년 5년입니다. 그가 숨끊어졌습니다. 아브라함은 노년에 선한 흰머리에 죽었으며, 꽉차서 자기 백성들에게 모아졌습니다.

그의 아들들 이삭과 이스마엘이 그를, 마므레 앞에 있는, 헷 족속 소할의 아들 에브론의 들에, 막벨라의 굴에 장사하였습니다. 아브라함이 헷의 아들들에게서 소유한 들이며, 그곳으로 아브라함과 그의 여자 사라가 장사된 것입니다.

203
👆
25:11

아브라함의 죽음 후에, 하나님들이 그의 아들 이삭을 축복하셨습니다. 이삭은 브엘-라해-로이에 거하였습니다.

204
👆
25:12~18

다음은 사라의 여종 애굽족속 하갈이 아브라함에게 낳은, 아브라함의 아들 이스마엘의 후대입니다. 이들은 이스마엘의 아들들의 이름들로서, 그들의 이름들과 그들의 후대입니다. 이스마엘의 장자 느바욧과 게달과 앗브엘과 밉삼과 미스마와 두마와 맛사, 하닷과 데마, 여둘, 나비스와 게드마입니다. 이들 곧 그들은 이스마엘의 아들들이며, 이들은 그들의 이름들로서, 그들의 마을들과 그들의 천막촌들이며, 그들의 족속들대로 12족장들입니다. 이 이스마엘의 생명의 연수는 100년 30년 7년입니다. 그가 숨끊어졌으며, 죽었으며, 자기 백성들에게 모아졌습니다. 그들은 앗수르로 들어가는, 하윌라부터 애굽 앞에 있는 수르까지, 그가 떨어뜨릴 그의 모든 형제들 앞에 머물렀습니다.

205
👆
25:19~20

다음은 아브라함의 아들 이삭의 후대입니다. 아브라함이 이삭을 낳게하였습니다. 이삭은 40년의 아들이었으며, 아람족속 브두엘의 딸이며 아람족속 라반의 누이인 리브가를 밧단-아람에서 자기에게 여자로 데려왔습니다.

206
☞
25:21~22

이삭은 자기 여자가 불임이기에 그녀를 위하여 여호와께 기도하였습니다. 여호와께서 그에게서 기도받으셨습니다. 그의 여자 리브가가 잉태하였습니다. 그녀의 뱃속에서 아들들이 스스로 치고받았습니다. 그녀가 말했습니다. "만약 그렇다면, 내가 이것을 어떻게 할까?" 그녀는 여호와께 물으려고 갔습니다.

207
☞
25:23

여호와께서 그녀에게 말씀하셨습니다. "두 민족이 너의 태에 있다. 두 족속이 네 생식기관에 있다. 족속과 족속이 나뉘어진다. 그가 강해지며, 많은 자가 작은 자를 섬긴다."

208
☞
25:24~26

그녀의 기간이 채워졌는데, 오! 그녀의 태에서 쌍둥이들을 낳은 것입니다. 첫째는 털의 겉옷같이 그의 모든 것이 붉은 자가 나왔습니다. 그들은 그의 이름을 에서라고 불렀습니다. 그런 후에, 그의 형제가 나왔는데, 그의 손이 에서의 발꿈치를 붙잡습니다. 그의 이름은 야곱이라 불렸습니다. 60년의 아들, 이삭이 그들을 낳은 것입니다.

209
☞
25:27~28

소년들이 커졌습니다. 에서는 들의 남자로, 사냥을 아는 남자가 되었으며, 야곱은 장막들에 거하는 순전한 남자가 되었습니다. 이삭은 자기 입에 사냥물 때문에, 에서를 사랑하였으며, 리브가는 야곱을 사랑합니다.

210
☞
25:29~34

야곱이 수프로 교만해졌습니다. 에서가 들에서 들어왔는데, 그는 피곤했습니다. 에서가 야곱에게 말했습니다. "바라건대, 내가 피곤하니, 붉은 것, 그 붉은 것으로 나를 배채우게하라!" 그렇게해서, 그의 이름이 에돔이라 불렸습니다. 야곱이 말했습니다. "오늘 너의 장자권을 내게 팔아라!" 에서가 말했습니다. "오! 내가 죽는 것으로 진행하니, 이 장자권이 내게 무엇이냐?" 야곱이 말했습니다. "오늘 너는 내게 맹세되어져라!" 그가 그에게 맹세하였고, 자기 장자권을 야곱에게 팔았습니다. 야곱이 에서에게 빵과 수수의 수프를 주었습니다. 그가 먹었으며 마셨으며 일어났으며 갔습니다. 에서가 장자권을 경히여겼습니다.

GENESIS

26장

211절~225절 [개역개정, KJV 26:1~26:35]

은혜를 차단하는
다섯 원귀신[블레셋]으로부터의 승리

26장

창세기

🖐 개역개정, KJV

211
🖐
26:1

아브라함의 기간에 있었던 첫째 흉년과 별도로, 그 땅에 흉년이 있었습니다. 이삭은 그랄로, 블레셋의 왕 아비멜렉에게 갔습니다.

212
🖐
26:2~5

여호와께서 그에게 보이셨으며 말씀하셨습니다. "너는 애굽으로 내려가면 안된다. 내가 네게 말하는 땅에 머물러라! 너는 그 땅에 체류하라! 내가 너와 함께 있어 너를 축복하는데, 너와 네 자손에게 이 모든 땅을 주기 때문이다. 내가 너의 아버지 아브라함에게 맹세된 맹세를 확정하게할 것이며, 네 자손을 두하늘의 별들같이 많아지게할 것이며, 네 자손에게 이 모든 땅을 줄 것이다. 네 자손으로 땅의 모든 민족들이 스스로 축복받을 것이다. 아브라함이 내 음성을 들었으며, 내 요구와 내 명령들과 내 율례들과 내 율법들을 지킨 것 때문이다."

150

213

26:6~7

이삭이 그랄에 거하였습니다. 그 지역의 사람들이 그의 여자를 물었습니다. 그는 "그녀는 나의 여자입니다. 리브가는 모양이 선하기에, 그녀로 인하여 그 지역의 사람들이 나를 죽이지 않기 위함입니다."라고 말하기가 두려웠기에, "그녀는 나의 누이입니다."라고 말했습니다.

214

26:8~9

그곳에서 그에게 기간이 길어지게 된 것입니다. 블레셋족속의 왕 아비멜렉이 창문을 통하여 내려다보았는데, 오! 이삭이 그의 여자 리브가에게 성접촉하는 것을 보았습니다. 아비멜렉이 이삭을 불렀으며 말했습니다. "오! 정말이지, 그녀가 너의 여자인데, 어떻게 너는, '그녀는 나의 누이입니다.'라고 말했느냐?" 이삭이 그에게 말했습니다. " '내가 그녀를 인하여 죽지 않기 위함입니다.'라고 말했기 때문입니다."

215

26:10~11

아비멜렉이 말했습니다. "왜 너는 우리에게 이렇게 행하였느냐? 백성 중 한 명이 네 여자와 조금 동침하였다. 네가 우리에게 속건제를 가져들어오게하였다." 아비멜렉이 모든 백성에게 명령하여 말했습니다. "이 남자나 그의 여자를 만지면, 그는 죽고 죽는다."

216

26:12~16

이삭이 그 땅에 씨뿌렸으며, 그 해에 100곱을 얻었습니다. 여호와께서 그를 축복하셨습니다. 그 남자가 커졌습니다. 그는 점점 진행하여 갔으며, 마침내 매우 커졌습니다. 양염소떼의 가축과 소떼의 가축과 하인이 그에게 많아지게 되었습니다. 블레셋족속들이 그에게 질투하였습니다. 블레셋족속들이 그의 아버지 아브라함 기간에, 그의 아버지의 남종들이 판, 모든 우물들을 메웠는데, 그들의 흙으로 그것들을 채웠습니다. 아비멜렉이 이삭에게 말했습니다. "네가 우리에게서 매우 강해졌으니, 너는 우리와 함께 가라!"

217
26:17~19

이삭은 그곳에서 갔으며, 그랄의 계곡에 장막쳤으며, 그곳에서 거하였습니다. 이삭이 돌아와, 자기 아버지 아브라함 기간에 팠던, 아브라함의 죽음 후에 블레셋족속들이 메운, 물의 우물들을 팠습니다. 그가 자기 아버지가 불렀던 이름들로 그것들에게 이름들을 불렀습니다. 이삭의 남종들이 계곡에서 팠으며, 그곳에서 생명의 물의 우물을 얻었습니다.

218
26:20

그랄에 사육하는 자들이 이삭의 사육하는 자들과 함께 다투어 말했습니다. "이 물은 우리의 것이다." 그들이 그와 함께 스스로 행패부렸기에, 우물의 이름을 에섹이라 불렀습니다.

219
26:21

그들이 다른 우물을 팠습니다. 그들이 그것에 대하여도 다투었으며, 그 이름을 싯나라 불렀습니다.

220
26:22

그가 그곳에서 이사하였으며, 다른 우물을 팠으며, 그것에 대하여는 다투지 않았습니다. 그가 그 이름을 르호봇이라 불렀습니다. 그가 말했습니다. "지금, 여호와께서 우리를 넓게 하셨으니, 우리는 이 땅에서 다산할 것이다."

221
🖑
26:23~24

그가 그곳에서 브엘-세바로 올라갔습니다. 그 밤에 여호와께서 그에게 보이셨으며 말씀하셨습니다. "나는 너의 아버지 아브라함의 하나님들이다. 내가 네게 있으며 너를 축복할 것이며, 나의 종 아브라함을 인하여 네 자손을 많아지게할 것이니, 너는 두려워하면 안된다."

222
🖑
26:25

그가 그곳에 제단을 건축하였으며, 여호와의 이름을 불렀으며, 그곳에 자기 장막을 폈습니다. 이삭의 남종들이 그곳에서 우물을 파냈습니다.

223
🖑
26:26~31

아비멜렉이 그랄에서 자기 친구 아훗삿과 그의 군대의 장관 비골과 그에게 진행하였습니다. 이삭이 그들에게 말했습니다. "너희가 뭐하러 나에게 왔느냐? 너희가 나를 미워하였으며, 너희가 너희에게서 나를 보냈다." 그들이 말했습니다. "우리는 여호와께서 너와 함께 계신 것을 보고 보았다. 우리가 말하기를, '바라건대, 우리와 너 사이에, 우리에게 맹세가 있어, 우리는 너와 언약을 맺으려한다. 우리가 너를 만지지 않은 것같이 또한 우리가 네게 오직 선한 것을 행한 것같이, 너는 우리에게 악을 행하지 않는 것이다.'라고 했다. 지금, 우리가 너를 평안히 보냈는데, 너는 여호와께 축복받은 자다." 그가 그들에게 만찬을 베풀었습니다. 그들은 먹었으며 마셨습니다. 그들이 아침에 일찍일어났습니다. 그들은 각각 형제로 맹세되었습니다. 이삭이 그들을 보내었으며, 그들은 그에게서 평안히 갔습니다.

224
🖐
26:32~33

그 날에, 이삭의 남종들이 왔으며, 자기들이 판 우물의 이유를 인하여 그에게 알게하였으며 그에게 말했습니다. "우리가 물을 발견했습니다." 그가 그것을 세바라고 불렀습니다. 그렇게해서, 그 성의 이름이 오늘날까지 브엘-세바입니다.

225
🖐
26:34~35

에서는 40년의 아들이었으며, 헷족속 브에리의 딸 유딧 그리고 헷족속 엘론의 딸 바스맛을 여자로 데려왔습니다. 그녀들이 이삭과 리브가의 존재의 진통이 되었습니다.

창세기

27장

226절~241절 [개역개정, KJV 27:1~27:46]

크리스천의 지옥 판정

27장

창세기

226
✋
27:1~4

이삭이 늙게 된 것입니다. 그의 두눈이 보는 것에 흐려졌습니다. 그가 자기 큰 아들 에서를 불렀으며 그에게 말했습니다. "내 아들아!" 그가 그에게 말했습니다. "내가 여기 있습니다." 그가 말했습니다. "오! 바라건대, 내가 늙었으며, 나의 죽음의 날을 알지 못한다. 바라건대, 지금, 너는 너의 도구들 곧 네 화살통과 네 활을 들어라! 너는 들로 나가라! 너는 내게 사냥물을 사냥하거라! 내가 사랑하는 별미들을 내게 만들어라! 내가 죽기 전에, 너는 내게 가져들고와라! 내 영혼이 너를 축복하도록, 내가 먹으려한다."

227
✋
27:5~10

이삭이 자기 아들 에서에게 얘기하는 것을 리브가가 듣는데, 에서는 사냥물을 가져들고오려고 사냥하러 들로 갔습니다. 리브가가 자기 아들 야곱에게, "오! 너의 아버지가 네 형제 에서에게 얘기하여 말하기를, '너는 나에게 사냥물을 가져들고와라! 너는 내게 별미들을 만들어라! 나의 죽음 앞에 여호와 앞에서 내가 먹으려하며 너를 축복하려한다.'는 것을 내가 들었다. 지금 나의 아들아! 너는 내가 네게 명령하는 대로 내 음성을 들어라! 바라건대, 양염소떼에게 가라! 그곳에서 선한 암염소들의 새끼 둘을 내게 가져와라! 내가 그것들로 너의 아버지가 사랑하는 별미들을 네 아버지께 만든다. 너는 네 아버지께 가져들고갈 것이다. 그가 자기 죽음 앞에서 너를 축복하도록, 먹을 것이다."라는 말로 말했습니다.

228

27:11~12

야곱이 자기 어머니 리브가에게 말했습니다. "보십시오! 나의 형제 에서는 숫염소같은 남자이며, 나는 매끄러운 남자인데, 혹시 나의 아버지께서 나를 만져보시면 어떡합니까? 내가 그의 두눈에 기만하는 자가 될 것이며, 나는 복이 아닌 저주를 내게 가져들고오게할 것입니다."

229

27:13~17

그의 어머니가 그에게 말했습니다. "내 아들아! 네 저주는 나에게로! 너는 오직 내 음성을 들어라! 너는 가라! 너는 내게 가져와라!" 그가 갔으며, 가져왔으며, 자기 어머니에게 가져들고왔습니다. 그의 어머니가 그의 아버지가 사랑하는 별미들을 만들었습니다. 리브가가 집에 자기에게 있는 자기 큰 아들 에서의 보배로운 의복들을 가져왔으며, 그녀의 작은 아들 야곱에게 입게하였습니다. 그녀는 암염소들의 새끼들의 가죽들로 그의 두손에와 그의 목 부분에 입게하였습니다. 그녀는 자기가 만든 별미들 그리고 빵을 자기 아들 야곱의 손에 주었습니다.

230

27:18~19

그가 자기 아버지에게 들어갔으며 말했습니다. "나의 아버지!" 그가 말했습니다. "내가 여기있다. 내 아들아! 너는 누구냐?" 야곱이 자기 아버지에게 말했습니다. "나는 당신의 장자 에서입니다. 당신이 나에게 얘기하신 대로 만들었습니다. 바라건대, 일어나십시오! 앉으십시오! 당신의 영혼이 나를 축복하시도록, 나의 사냥물을 드십시오!"

231

27:20~21

이삭이 자기 아들에게 말했습니다. "내 아들아! 네가 어떻게 이것을 서둘러 발견하였느냐?" 그가 말했습니다. "당신의 하나님들 여호와께서 제 앞에 임하셨기 때문입니다." 이삭이 야곱에게 말했습니다. "바라건대, 너는 다가와라! 내 아들아! 이 네가, 내 아들 에서인지 아닌지, 내가 너를 만져본다."

232

27:22~25

야곱이 자기 아버지 이삭에게 다가갔습니다. 그가 그를 만져보았으며 말했습니다. "음성은 야곱의 음성이나, 두손은 에서의 두손이다." 그의 두손이 숫염소같은 그의 형제 에서의 두손이었으므로, 그가 그를 알아보지 못하였으며 그를 축복하였습니다. 그가 말했습니다. "이 손이 내 아들 에서냐?" 그가 말했습니다. "나입니다." 그가 말했습니다. "너는 내게 다가와라! 내 영혼이 너를 축복하기 위해, 내 아들의 사냥물을 내가 먹으려한다." 그가 그에게 다가갔으며, 그가 먹었습니다. 그가 그에게 포도주를 가져들고오게하였으며, 그가 마셨습니다.

233

👆

27:26~29

그의 아버지 이삭이 그에게 말했습니다. "바라건대, 너는 다가와라! 내 아들아! 너는 내게 입맞춰라!" 그가 다가갔으며 그에게 입맞추었습니다. 그가 그의 의복들의 냄새를 맡았으며, 그를 축복하였으며 말했습니다. "여호와께서 축복하신 들의 냄새같은, 내 아들의 냄새를, 당신은 보십시오! 하나님들이 두하늘의 이슬과, 땅의 기름짐과, 곡식과 새포도주의 풍성함을 네게 주셨다. 백성들이 너를 섬기며, 족속들이 스스로 네게 절한다. 너는 네 형제들에게 강자가 되어라! 네 어머니의 아들들이 스스로 네게 절한다. 너를 저주하면 저주받고, 너를 축복하는 자들은 축복받으리라!"

234

👆

27:30~31

이삭이 야곱을 축복하기를 마치게 되는 대로, 야곱이 자기 아버지 이삭 앞에서 나가고 나가게 되자 마자, 그의 형제 에서가 자기 사냥에서 들어왔습니다. 그도 별미들을 만들었으며, 자기 아버지에게 가져들고갔으며, 자기 아버지에게 말했습니다. "당신의 영혼이 나를 축복하시도록, 나의 아버지는 일어나셔서, 당신 아들의 사냥물을 드십시오."

235

👆

27:32~33

그의 아버지 이삭이 그에게 말했습니다. "너는 누구냐?" 그가 말했습니다. "나는 당신의 아들, 당신의 장자 에서입니다." 이삭이 엄청 큰 떨림을 떨었으며 말했습니다. "아아! 사냥물을 사냥하여 내게 가져들고온 그는 누구냐? 네가 오기 전에, 내가 모두 먹었으며 그를 축복하였다. 때문에 그가 축복받게 된다."

236

27:34~36

에서가 자기 아버지의 얘기를 듣고, 엄청 큰 괴로운 부르짖음을 부르짖었으며, 자기 아버지에게 말했습니다. "나의 아버지! 내게도 축복하십시오!" 그가 말했습니다. "네 형제가 속임수로 들어왔으며, 네 복을 가져갔다." 그가 말했습니다. "그의 이름이 야곱이라 불린 것이죠? 그가 나를 이 두번을 가로챘는데, 나의 장자권을 가져갔으며, 오! 지금 그가 내 복을 가져갔습니다." 그가 말했습니다. "당신이 나에게 복을 남기지 않으셨습니까?"

237

27:37~38

이삭이 대답하였으며 에서에게 말했습니다. "보라! 내가 그를 네게 강자로 두었다. 그리고 내가 그의 모든 형제들을 그에게 남종들로 주었다. 내가 곡식과 새포도주를 그에게 붙잡게하였다. 아아! 내 아들아! 내가 네게는 무엇을 행하는가?" 에서가 자기 아버지에게 말했습니다. "나의 아버지! 당신에게는 그것 하나의 복입니까? 나의 아버지! 내게도 축복하십시오!" 에서가 자기 음성을 높였으며 울었습니다.

238

27:39~40

그의 아버지 이삭이 대답하였으며 그에게 말했습니다. "오! 너의 거주지는 땅의 기름짐과 두하늘의 이슬에서 높이 있다. 너는 네 칼로 살며 그리고 네 형제를 섬기며, 네가 놓여지게 되는 대로, 너는 네 목에 그 멍에를 빼낼 것이다."

239

27:41

그의 아버지가 그를 축복한 복을 인하여, 에서가 야곱을 대적하였습니다. 에서가 자기 마음에 말했습니다. "나의 아버지의 애곡의 기간이 가까워지니, 내가 나의 형제 야곱을 죽이리라."

240
👆
27:42~45

어떤 사람이 리브가에게 그녀의 큰 아들 에서의 얘기들을 알려주었습니다. 그녀가 사람보내었으며 자기의 작은 아들 야곱을 불렀으며 그에게 말했습니다. "오! 네 형제 에서가 너를 죽여 스스로 위로받으려하니, 지금 내 아들아! 너는 내 음성을 들어라! 너는 일어나라! 하란으로 내 형제 라반에게 도망하라! 네 형제의 격분이 돌아갈 때까지, 네 형제의 진노가 돌아가 네가 그에게 행한 것을 잊기까지, 한 기간 그와 함께 거할 것이다. 내가 사람보낼 것이며 너를 그곳에서 데려올 것이다. 어떻게 내가 한 날에 한꺼번에 너희 둘을 자식잃겠느냐?"

241
👆
27:46

리브가가 이삭에게 말했습니다. "내가 헷의 딸들 앞에 나의 삶을 싫어하는데, 만약 야곱이 이들 헷의 딸들 곧 이 땅의 딸들 중에서 여자를 데려오면, 살아있는 것이 내게 무엇이겠습니까?"

GENESIS

28장

242절~248절 [개역개정, KJV 28:1~28:22]

성전 건축의 서원

28장

창세기

개역개정, KJV

242

28:1~4

이삭이 야곱을 불렀으며 그를 축복하였으며, 그에게 명령하였으며 그에게 말했습니다. "너는 가나안의 딸들에서 여자를 데려오지 말라. 너는 일어나라! 너는 밧단-아람으로 너의 어머니의 아버지인 브두엘 집으로 가라! 너는 그곳에서 너의 어머니의 형제인 라반의 딸들에서 여자를 데려와라! 전능자 하나님께서 너를 축복하시어, 너를 다산하게하시고, 너를 많아지게하시며, 너는 백성들의 총회가 될 것이다. 하나님들이 아브라함에게 주신 네 체류의 땅을, 네게 상속하셔서, 아브라함의 복을, 너와 네 자손에게 주신다."

243

28:5~7

이삭이 야곱을 보냈습니다. 그가 밧단-아람으로, 야곱과 에서의 어머니 리브가의 형제 아람족속 브두엘의 아들 라반에게 갔습니다. 에서가 보았는데, 이삭이 야곱을 축복하였으며, 밧단-아람에서 여자를 데려오도록, 그곳으로 그를 보내었으며, 또한 그를 축복하고, 그에게 말하기를, "너는 가나안의 딸들에서 여자를 데려오지 말라."라고 명령하여, 야곱이 그의 아버지에게와 그의 어머니에게 들었으며, 밧단-아람으로 간 것입니다.

244
28:8~9

에서가 보았는데, 자기 아버지 이삭의 두눈에 가나안의 딸들이 악한 것입니다. 에서가 이스마엘에게 갔으며, 아브라함의 아들인 이스마엘의 딸이며, 느바욧의 누이인 마할랏을 자기에게 여자로, 자기 여자들에게 데려왔습니다.

245
28:10~11

야곱이 브엘-세바에서 나갔으며, 하란으로 갔습니다. 그는 한 장소를 만났으며, 그곳에서 숙박하였는데, 태양이 들어갔기 때문입니다. 그가 그 장소의 돌들을 가져왔으며, 자기 머리맡에 두었으며, 그 장소에 누웠습니다.

246
28:12~15

그가 꿈꾸었는데, 오! 사다리가 땅으로 서졌으며, 그 꼭대기가 하늘들로 접촉하였고, 오! 하나님들의 천사들이 그것을 올라가며 내려오는 것입니다. 오! 여호와께서 그 위에 서지셔서 말씀하셨습니다. "나는 네 아버지 아브라함의 하나님들이며, 이삭의 하나님들인 여호와이다. 네가 그 위에 누운 땅을 너와 네 자손에게 준다. 네 자손이 땅의 흙같이 될 것이다. 너는 서쪽으로, 동쪽으로, 북쪽으로, 남쪽으로 흩어질 것이며, 토지의 모든 족속이 너와 네 자손으로 축복받을 것이다. 오! 내가 너와 함께하며, 네가 가는 모든 곳에서 너를 지킬 것이며, 이 토지로 너를 돌아오게 할 것이다. 왜냐하면, 내가 네게 얘기한 것을, 내가 반드시 행할 때까지, 너를 떠나지 않기 때문이다."

247
28:16~19

야곱이 자기 잠에서 깨어났으며 말했습니다. "여호와께서 이 장소에 분명히 계심이여! 내가 알지 못했다." 그가 두려워하였으며 말했습니다. "이 장소가 얼마나 두려워지는가? 이 장소는 반드시 하나님들의 집이며, 하늘들의 문인데, 이것이 없다." 야곱이 아침에 일찍일어났으며, 자기 머리맡에 두었던 돌을 가져왔으며, 그것을 기둥으로 두었으며, 그 꼭대기에 기름을 부었습니다. 그는 그 장소의 이름을 벧-엘이라 불렀는데, 그 성의 처음의 이름은 원래 루스였습니다.

248
28:20~22

야곱이 서원을 서원하여 말했습니다. "만약 하나님들이 저와 함께 계셔서, 제가 진행하는 이 길에서 저를 지키시고, 먹을 빵과 입을 의복을 제게 주시고, 제가 평안히 저의 아버지의 집으로 돌아온다면, 여호와께서 제게 하나님들이 되실 것이며, 제가 기둥으로 둔 이 돌이 하나님들의 집이 되며, 저는 당신이 제게 주시는 모든 것을 당신께 십일조하고 십일조합니다."

29장

249절~**258**절 [개역개정, KJV 29:1~29:35]

다산(거듭남)의 축복

29장

창세기

개역개정, KJV

249

29:1~3

야곱이 자기 양발을 들었으며, 동쪽의 아들들 땅으로 갔습니다. 그가 보았는데, 오! 들에 우물이 있고, 오! 그곳에 세 양염소떼의 떼들이 그 곁에 엎드리고있는데, 그 우물에서 사람들이 떼들을 마시게하는 것입니다. 큰 돌이 우물의 입구 위에 있고, 그곳에 모든 떼들이 모여들었으며, 사람들이 우물의 입구 위의 돌을 옮겼으며, 양염소떼에게 마시게하였으며, 그 장소에 우물의 입구 위에 돌을 돌아오게하였습니다.

250

29:4~6

야곱이 그들에게 말했습니다. "나의 형제들아! 당신들은 어디서입니까?" 그들이 말했습니다. "우리는 하란에서입니다." 그가 그들에게 말했습니다. "당신들은 나홀의 아들 라반을 압니까?" 그들이 말했습니다. "우리가 압니다." 그가 그들에게 말했습니다. "그가 평안합니까?" 그들이 말했습니다. "평안합니다. 오! 그의 딸 라헬이 양염소떼와 함께 옵니다."

251
👆
29:7~9

그가 말했습니다. "보십시오! 큰 낮 동안, 가축이 모여드는 때가 아니니, 당신들은 양염소떼를 마시게하십시오! 당신들은 가십시오! 당신들은 사육하십시오!" 그들이 말했습니다. "모든 떼가 모여들 때까지, 우리가 할 수 없습니다. 사람들이 우물의 입구 위의 돌을 옮길 것이며, 우리가 양염소떼에게 마시게할 것입니다." 그가 그들과 함께 얘기하는 동안, 라헬이 자기 아버지의 양염소떼와 함께 왔는데, 그녀가 사육하기 때문입니다.

252
👆
29:10~12

야곱이 자기 어머니의 형제 라반의 딸 라헬 그리고 자기 어머니의 형제 라반의 양염소떼를 보게 되는 대로, 야곱은 다가갔으며, 우물의 입구 위의 돌을 옮겼으며, 자기 어머니의 형제 라반의 양염소떼를 마시게하였습니다. 야곱이 라헬에게 입맞추었으며, 자기 음성을 높였으며 울었습니다. 야곱이 라헬에게 자신이 그녀의 아버지의 형제인 것과 자신이 리브가의 아들인 것을 알게하였습니다. 그녀가 달려갔으며 자기 아버지에게 알게하였습니다.

253
👆
29:13~14

라반이 자기 누이의 아들 야곱의 소식을 듣게 되었으며, 그를 맞이하려고 달려왔으며, 그를 안았고, 그에게 입맞추었으며, 자기 집으로 그를 들어오게하였습니다. 그가 라반에게 이 모든 일들을 보고하였습니다. 라반이 그에게 말했습니다. "너는 정말 나의 뼈이며 나의 살이다!" 그가 1개월의 날들을 그와함께 거하였습니다.

254
29:15~18

라반이 야곱에게 말했습니다. "네가 나의 형제이기에, 값없이 네가 나를 섬기겠느냐? 너는 내게 네 품삯이 얼마인지 알게하라!" 라반에게 두 딸이 있는데, 큰 자의 이름은 레아이며 작은 자의 이름은 라헬입니다. 레아의 두눈은 부드럽고, 라헬은 모습이 아름다우며, 모양이 아름다웠습니다. 야곱이 라헬을 사랑했습니다. 그가 말했습니다. "제가 당신께 당신의 작은딸 라헬로 7년을 섬깁니다."

255
29:19~21

라반이 말했습니다. "내가 네게 그녀를 주는 것이, 내가 다른 남자에게 그녀를 주는 것보다 선하니, 너는 나와함께 거하라!" 야곱이 라헬로 7년을 섬겼습니다. 그녀에의 그의 사랑으로, 그의 두눈에는 한 기간이었습니다. 야곱이 라반에게 말했습니다. "나의 기간이 채워졌으니, 당신은 내 여자를 내어주십시오! 내가 그녀에게 들어가렵니다."

256
29:22~27

라반이 그 지역의 모든 사람들을 모았으며, 만찬을 베풀었습니다. 저녁이 되었으며, 그가 자기 딸 레아를 데려왔으며, 그녀를 그에게 들어가게했습니다. 그가 그녀에게 들어갔습니다. 라반이 자기 여종 실바를 자기 딸 레아에게 여종으로 주었습니다. 아침이 되었는데, 오! 그녀는 레아입니다. 그가 라반에게 말했습니다. "왜 당신은 내게 이렇게 행하였습니까? 내가 라헬로 당신과 함께 섬기지 않았습니까? 당신은 왜 나를 속였습니까?" 라반이 말했습니다. "우리 지역에서는 그렇게 큰 자보다 앞서 작은 자를 주는 것이 행해지지 않는다. 너는 그녀로 7일을 채워라! 네가 나와함께 다시 다른 7년을 섬기는 섬김으로, 우리가 네게 그녀도 주려한다."

257

29:28~30

야곱이 그대로 행하였으며, 그녀의 7일을 채웠습니다. 그가 그에게 자기 딸 라헬을 여자로 주었습니다. 라반이 자기 딸 라헬에게 자기 여종 빌하를 여종으로 주었습니다. 그가 라헬에게도 들어갔으며, 레아보다 라헬을 더 사랑하였습니다. 그가 다른 7년을 다시 그와 함께 섬겼습니다.

258

29:31~35

여호와께서 레아가 미움받는 것을 보셨으며, 그녀의 태를 여셨습니다. 라헬은 불임이었습니다. 레아가 잉태하였으며 아들을 낳았으며 그의 이름을 르우벤이라 불렀는데, "여호와께서 나의 학대를 보신 것이며, 또한 지금 나의 남자가 나를 사랑하는 것이다."라고, 그녀가 말했기 때문입니다. 그녀가 다시 잉태하였으며 아들을 낳았으며 말했습니다. "여호와께서 내가 미움받는 것을 들으셨기에, 이자도 내게 주셨다." 그녀가 그의 이름을 시므온이라 불렀습니다. 그녀가 다시 잉태하였으며 아들을 낳았으며 말했습니다. "내가 내 남자에게 세 아들을 낳았으니, 지금 이번에는 그가 나에게 연합된다." 그렇게해서, 그의 이름이 레위라고 불렸습니다. 그녀가 다시 잉태하였으며 아들을 낳았으며 말했습니다. "이번에는 내가 여호와를 찬양한다." 그렇게해서, 그녀는 그의 이름을 유다라고 불렀습니다. 그녀가 낳는 것을 멈추었습니다.

GENESIS

30장

259절~274절 [개역개정, KJV 30:1~30:43]

경쟁심을 통한 부흥

30장

창세기

개역개정, KJV

259

30:1~2

라헬이 자기가 야곱에게 낳지 못한 것을 보았습니다. 라헬이 자기 자매에게 질투하였으며 야곱에게 말했습니다. "당신이 내게 아들들을 내어주세요! 만약 그렇지 않으면 내가 죽어요." 야곱의 진노가 라헬에게 분노하였으며 말했습니다. "당신에게서 태의 열매를 내지않게하신 하나님들을 내가 대신하겠느냐?"

260

30:3~6

그녀가 말했습니다. "오! 당신은 나의 여종 빌하! 그녀에게 들어가세요! 그녀가 나의 무릎 위에 낳아, 나도 그녀에게서 생산됩니다." 그녀가 자기 여종 빌하를 그에게 여자로 주었으며, 야곱이 그녀에게 들어갔습니다. 빌하가 잉태하였으며 야곱에게 아들을 낳았습니다. 라헬이 말했습니다. "하나님들이 나를 판단하셨으며, 내 음성도 들으셨다. 그분이 내게 아들을 주셨다." 그렇게해서 그녀가 그의 이름을 단이라고 불렀습니다.

261
🖐
30:7~8

라헬의 여종 빌하가 다시 잉태하였으며, 야곱에게 두번째 아들을 낳았습니다. 라헬이 말했습니다. "하나님들의 역전으로, 내가 나의 자매와 함께 거슬려졌으며, 나도 할 수 있었다." 그녀가 그의 이름을 납달리라고 불렀습니다.

262
🖐
30:9~11

레아는 자신이 낳는 것에서 멈춘 것을 보았으며, 자기 여종 실바를 데려왔으며, 야곱에게 그녀를 여자로 주었습니다. 레아의 여종 실바가 야곱에게 아들을 낳았습니다. 레아가 말했습니다. "갓이 추격하여 간다." 그녀는 그의 이름을 갓이라고 불렀습니다.

263
🖐
30:12~13

레아의 여종 실바가 두번째 아들을 야곱에게 낳았습니다. 레아가 말했습니다. "딸들이 나를 복되다하였으니, 나의 복됨!" 그녀는 그의 이름을 아셀이라고 불렀습니다.

264
🖐
30:14~15

르우벤이 밀의 추수의 기간에 나갔으며, 들에서 사랑약초를 발견하였으며, 그것들을 자기 어머니 레아에게 가져들고왔습니다. 라헬이 레아에게 말했습니다. "바라건대, 당신 아들의 사랑약초를 내게 주세요!" 그녀가 그녀에게 말했습니다. "네가 나의 남자를 데려간 것이 조금이냐? 네가 내 아들의 사랑약초도 가져가겠느냐?" 라헬이 말했습니다. "그렇다면, 당신 아들의 사랑약초 대신, 밤에 그가 당신과 함께 동침합니다."

265
🖐
30:16~18

저녁에 야곱이 들에서 들어왔으며, 레아가 그를 맞이하려고 나왔으며 말했습니다. "내가 당신을 내 아들의 사랑약초로 사고 샀으니, 내게 들어오세요." 그가 그 밤에 그녀와 함께 동침하였습니다. 하나님들이 레아에게 들으셨습니다. 그녀가 잉태하였으며 야곱에게 다섯번째 아들을 낳았습니다. 레아가 말했습니다. "내가 나의 여종을 나의 남자에게 준 나의 댓가를 하나님들이 주셨다." 그녀는 그의 이름을 잇사갈이라고 불렀습니다.

266
🖐
30:19~20

레아가 다시 잉태하였으며 야곱에게 여섯번째 아들을 낳았습니다. 레아가 말했습니다. "하나님들이 내게 선한 선물을 선물하셨다. 내가 나의 남자에게 여섯 아들을 낳았으니, 이번에는 그가 나와 동거한다." 그녀는 그의 이름을 스불론이라고 불렀습니다.

267
🖐
30:21

후에, 그녀가 딸을 낳았습니다. 그녀는 그녀의 이름을 디나라고 불렀습니다.

268
🖐
30:22~24

하나님들이 라헬을 기억하셨습니다. 하나님들이 그녀에게 들으셨으며 그녀의 태를 여셨습니다. 그녀가 잉태하였으며, 아들을 낳았으며 말했습니다. "하나님들이 나의 모욕을 모으셨다." 그녀가 그의 이름을 요셉이라고 불러 말했습니다. "여호와께서 내게 다른 아들을 거듭하게하신다."

269
🖐
30:25~26

라헬이 요셉을 낳게 되는 대로, 야곱이 라반에게 말했습니다. "나를 보내십시오! 나는 내 땅 내 지역에 가렵니다. 내가 당신을 섬겨서 얻은 내 여자들 그리고 내 자녀들을 주세요! 내가 당신을 섬긴 나의 섬김을 당신이 아시니, 나는 가렵니다."

270
👆
30:27~30

라반이 그에게 말했습니다. "바라건대, 다만 내가 네 두눈에 은혜를 얻을 것이다. 내가 계시받았는데, 여호와께서 너 때문에 나를 축복하셨다." 그가 말했습니다. "너는 너의 댓가를 내게 낙인찍어라! 내가 주려한다." 그가 그에게 말했습니다. "내가 당신을 섬긴 것 그리고 당신의 가축이 나로 있게된 것을 당신이 압니다. 저의 전에는, 당신에게 있는 것이 조금이었는데, 그것이 많아져 확장하였습니다. 여호와께서 나의 발걸음으로 당신을 축복하셨습니다. 지금, 어느때 나도 나의 집을 만듭니까?"

271
👆
30:31~34

그가 말했습니다. "내가 네게 무엇을 줄까?" 야곱이 말했습니다. "만약 당신이 나를 위해 행하신다면, 당신은 내게 아무 것도 주지 마세요. 나는 이 일로 돌아가렵니다. 내가 당신의 양염소떼를 사육하고 지키며, 그곳에서 양들 중에 점있거나 점새겨진 모든 어린양과, 모든 검은 어린양 및 염소들 중에 점새겨진 것과 점있는 것을 빼내기 위해, 당신의 모든 양염소떼를 오늘 통과합니다. 그것이 나의 댓가일 것입니다. 내일 나의 의가 나를 위해 드러날 것인데, 당신이 당신 앞의 모든 나의 댓가에 왔는데, 염소들 중에, 점있거나 점새겨지지 않은 것 및 양들 중에서 검지 않은 모든 것, 그것은 내게 도둑질된 것이기 때문입니다." 라반이 말했습니다. "보아라! 그렇다면, 네 얘기들이 되게하라."

272
👆
30:35~36

그 날, 그는 자기에게 있는 흰 모든 것에서, 반점있거나 점새겨진 숫염소들 그리고 점있거나 점새겨진 모든 암염소들과, 양들 중에서 모든 검은 것들을 빼내었으며, 자기 아들들의 손에 주었습니다. 야곱이 그와 자기 사이에 3일 길을 두었습니다. 야곱은 남겨진 라반의 양염소떼를 사육한 것입니다.

273
👆
30:37~39

야곱은 푸른 플라타너스나무와 자작나무와 백송나무의 가지를 자기에게 가져왔습니다. 그는 가지들을 싸고있는 흰 껍질들 곧 흰 표면을 벗겼으며, 양염소떼가 마시러 오는 물의 구유들 곧 수로에, 벗긴 가지들을, 양염소암컷들과 마주하여 세웠습니다. 암컷들이 마시러 오는데 짝짓기하였습니다. 수컷들이 가지들을 향해 양염소암컷들과 짝짓기하였습니다. 양염소암컷들은 반점있는 것과, 점있는 것과, 점새겨진 것을 낳았습니다.

274
👆
30:40~43

야곱이 양들을 나누었는데, 그 양염소떼 앞에 반점있는 것과 검은 모든 것을 두었습니다. 그는 그 떼들을 라반의 양염소떼에서 자기에게 따로 있게하여, 라반의 양염소떼 곁에 있게하지 않았습니다. 짝짓기하는 모든 양염소떼는 매어지게 되었으며, 야곱은 가지들에서 양염소떼들을 짝짓기하도록 수로에 그것들의 두눈에 가지들을 두었습니다. 그는 피곤한 양염소떼에게는 두지 않았기에, 피곤해지는 것들은 라반의 것이 되었으며, 매어진 것들은 야곱의 것이 되었습니다. 그 남자가 매우 매우 확장하였습니다. 많은 양염소떼와 여종들과 남종들과 수낙타들과 수나귀들이 그에게 있었습니다.

창세기

31장

275절~289절 [개역개정, KJV 31:1~31:54]

탐심(우상숭배)죄와의 결별

31장
창세기

개역개정, KJV

275
31:1~2

그가 라반의 아들들의 얘기들을 들었는데, "야곱이 우리 아버지에게 있는 것에서 우리 아버지의 모든 것을 가져갔으며, 그가 이 모든 영광을 만들었다."는 말입니다. 야곱이 라반의 얼굴을 보았는데, 오! 자기와 함께 이전과 같지 않은 것입니다.

276
31:3

여호와께서 야곱에게 말씀하셨습니다. "너는 네 아버지들, 네 친척의 땅에 돌아가라! 내가 너와 함께 있다."

277
31:4~13

야곱이 사람보내었으며, 라헬과 레아를 들에 자기 양염소떼에게로 불렀으며, 그녀들에게 말했습니다. "내가 당신들의 아버지의 얼굴을 보니, 그가 내게 이전과 같지 않은 것이다. 내 아버지의 하나님들은 나와함께 계셨다. 당신들은 아는데, 나는 나의 모든 힘으로 당신들의 아버지를 섬긴 것이다. 당신들의 아버지는 나를 조롱하였으며, 나의 품삯을 10번 바꾸었다. 하나님들이 그에게 악행하도록 나와함께 넘겨주시지 않았다. 만약 '점있는 것들이 네 댓가가 된다.'라고 그가 그런식으로 말하면, 모든 양염소떼가 점있는 것들을 낳았으며, 만약, '반점있는 것들이 네 댓가가 된다.'라고 그가 그런식으로 말하면, 모든 양염소떼가 반점있는 것들을 낳았다. 하나님들이 당신들의 아버지의 가축을 건지셨으며 내게 주셨다. 양염소떼가 짝짓기하는 때에, 내가 꿈에 내 두눈을 들었으며 보았는데, 오! 양염소떼 위에 올라간 숫염소들이 반점있는 것들과 점있는 것들과 희끄무레한 것들이었다. 꿈에 하나님들의 천사가 내게 말했다. '야곱아!' 내가 말했다. '제가 여기 있나이다!' 그가 말했다. '바라건대, 너는 네 두눈을 들어라! 라반이 네게 행한 모든 것을 내가 보았기에, 반점있는 것들과 점있는 것들과 희끄무레한 것들 곧 양염소떼 위에 올라간 모든 숫염소들을 보라! 나는 네가 그곳에서 기둥에 기름부었으며, 그곳에서 내게 서원을 서원한 벧-엘 하나님이다. 지금 너는 일어나라! 이 땅에서 나가라! 네 친척의 땅에 돌아가라!'"

278

31:14~16

라헬과 레아가 대답하였으며 그에게 말했습니다. "우리 아버지의 집에서 우리에게 몫과 기업이 또 있나요? 그가 우리를 팔아서 우리의 은을 먹고 또 먹었으니, 그에게 우리가 이방인들로 여겨진 것이 아닌가요? 하나님들이 우리 아버지에게서 건지게하셨던 모든 재물, 그것은 우리와 우리의 아들들의 것입니다. 지금 하나님들이 당신에게 말씀하신 모든 것을 행하세요!"

279

31:17~20

야곱이 일어났으며, 자기 아들들 그리고 자기 여자들을 낙타들 위에 올렸습니다. 그는 가나안 땅으로, 자기 아버지 이삭에게 가려고, 밧단-아람에서 모은 자기 자산인 가축을 모아, 자기 모든 가축 그리고 자기 모든 재산을 끌고갔습니다. 라반이 자기 양염소떼 털깎는 것을 진행하였기에, 라헬은 자기 아버지에게 있는 치유행운신상들을 도둑질하였습니다. 야곱은 자기가 도망하기에, 그에게 알게하지 않음으로, 아람족속 라반의 마음을 도둑질하였습니다.

280
31:21~23

그와 그에게 있는 모든 것이 도망하였습니다. 그가 일어났으며 강을 통과하였으며, 길르앗 산 앞에 두었습니다. 야곱이 도망한 것이, 3일째, 누가 라반에게 알려주었습니다. 그가 자기와 함께 자기 형제를 데려왔으며, 7일 길을 그의 뒤를 추격하였으며, 길르앗의 산에서 그에게 따라붙었습니다.

281
31:24~25

하나님들이 밤에 아람족속 라반에게 꿈에 들어가셨으며 그에게 말씀하셨습니다. "너는 자신에게 삼가져라! 네가 선한 것조차 악한 것조차 야곱과 함께 얘기하지 않기 위함이다." 라반이 야곱에게 도달하였습니다. 야곱이 산에 자기 장막을 말뚝박았으며, 라반도 자기 형제들과 길르앗의 산에 말뚝박았습니다.

282
31:26~30

라반이 야곱에게 말했습니다. "너는 무엇을 행하였느냐? 네가 나의 마음을 도둑질하였으며, 내 딸들을 칼로 사로잡힌자들 같이 끌고갔느냐? 왜 너는 도망하여 숨겨졌으며, 내게서 도둑질하였으며, 내게 알게하지 않았느냐? 내가 즐거움과 노래들과 탬버린과 하프로 너를 보냈을 것인데, 너는 내 아들들과 내 딸들에게의 입맞춤에서 나를 버렸지 않느냐? 지금 너는 행하는데 어리석었다. 내 손의 하나님은 너희에게 악한 것을 행함이 있으시나, 너희 아버지의 하나님들이 어젯밤 내게 말씀하시기를, '너는 선한 것조차 악한 것조차 야곱과 함께 얘기하는 것을, 네게 삼가져라!'고 말씀하셨다. 지금 너는 네 아버지의 집이 사모되고 사모되었기에, 진행하고 진행하였지만, 왜 너는 나의 하나님들을 도둑질하였느냐?"

283
31:31~32

야곱이 대답하였으며 라반에게 말했습니다. "내가 두려워하였기 때문인데, '당신이 당신의 딸들을 나와 함께 배앗지 않기 위함입니다.'라고 말한 것입니다. 당신이 당신의 하나님들을 발견하는 자는, 우리 형제들과 마주하여 살지 못합니다. 무엇이 나와함께 있는지, 당신은 자신의 것을 알아보십시오! 당신은 자신에게 가져가십시오!" 야곱은 라헬이 그것들을 도둑질한 것을 알지 못했습니다.

284
31:33~35

라반이 야곱의 장막과, 레아의 장막과, 두 여종의 장막으로 들어갔지만, 발견하지 못하였습니다. 그는 레아의 장막에서 나왔으며, 라헬의 장막으로 들어갔습니다. 라헬이 치유행운 신상들을 가져왔으며, 그것들을 낙타의 양털방석에 두었으며, 그것들 위에 앉았습니다. 라반이 장막의 모든 것을 만져보았지만, 발견하지 못했습니다. 그녀가 자기 아버지에게 말했습니다. "나의 주인님의 두눈에 분노하면 안됩니다. 내가 당신 앞에서 일어날 수 없는데, 여자들의 길이 내게 있기 때문입니다." 그가 뒤져보았지만 치유행운신상들을 발견하지 못했습니다.

285
👆
31:36~42

야곱이 분노하였으며 라반과 다투었습니다. 야곱이 라반에게 대답하였으며 말했습니다. "나의 범죄가 무엇이며, 나의 죄가 무엇이기에, 당신은 내 뒤를 맹추격하는 것입니까? 당신이 나의 모든 도구들을 만져보았지만, 당신의 집의 모든 도구들 중에서 무엇을 발견하였습니까? 당신은 이와같이 나의 형제들과 마주하게 당신의 형제들을 두십시오! 그들이 우리 둘 사이에서 책망하게하십시오. 내가 당신과 함께 한 이 20년, 당신의 암양들이나 당신의 암염소들이 새끼잃지 않았으며, 나는 당신의 양염소떼의 숫양들을 먹지 않았습니다. 나는 물어뜯긴 것을 당신에게 가져들고가, 내가 내 손으로 그것에 범죄하지 않습니다. 당신은 낮에 도둑질당한 것, 밤에 도둑질당한 것, 그것을 찾습니다. 낮에는 열기가 밤에는 추위가 나를 먹게 되어, 나의 잠이 나의 두눈에서 달아났습니다. 당신의 집에서의 내게 이 20년, 나는 14년을 당신의 두 딸로, 6년을 당신의 양염소떼로 당신을 섬겼으나, 당신은 나의 품삯을 10번 바꾸었습니다. 나의 아버지의 하나님들 곧 아브라함의 하나님들과 이삭의 두려워하는 분이 나와 계시지 않았다면, 지금 당신은 나를 거저 보냈겠지만, 하나님들이 나의 학대 그리고 내 손바닥들의 수고를 보셨으며, 어젯밤에 책망하신 것입니다."

286
👆
31:43~44

라반이 대답하였으며 야곱에게 말했습니다. "딸들은 내 딸들이며 아들들은 내 아들들이요, 양염소떼는 나의 양염소떼이며 네가 보는 모든 것, 그것은 내 것이다. 내 딸들 또는 그녀들이 낳은 그녀들의 아들들, 곧 이들에게 내가 오늘 무엇을 행하겠느냐? 지금 너는 가라! 나와 네가 언약을 맺자. 나와 너 사이에 증거가 될 것이다.”

287

31:45~49

야곱이 돌을 가져왔으며, 그것을 기둥으로 들어세우게하였습니다. 야곱이 자기 형제들에게 말했습니다. “너희는 돌들을 모아라!” 그들이 돌들을 가져왔으며, 무더기를 만들었으며, 그곳 무더기 곁에서 먹었습니다. 라반은 그것을 여갈사하두다라고 불렀으며, 야곱은 그것을 갈르엣이라 불렀습니다. 라반은 “오늘 이 무더기가 나와 너 사이에 증거다.”라고 말했으며, 그렇게해서, 그가 그 이름을 갈르엣-미스바라고 불렀는데, “우리가 각각 자기 이웃에게 숨겨졌기에, 여호와께서 나와 너 사이에 주목하신다.”라고 그가 말한 것입니다.

288

31:50~53

“만약 네가 내 딸들을 학대하거나, 만약 네가 내 딸들 곁에 여자들을 데려오면, 우리와 함께하는 남자가 없다해도, 너는 보아라! 하나님들이 나와 너 사이에 증인이시다.” 라반이 야곱에게 말했습니다. “오! 이 무더기! 오! 나와 너 사이를 내가 지시한 이 기둥! 이 무더기가 증거이며, 이 기둥이 증표이니, 절대 내가 네게 이 무더기를 통과하지 못하며, 절대 네가 내게 이 무더기 그리고 그 기둥을 악으로 통과하지 못한다. 아브라함의 하나님들과 나홀의 하나님들, 그들의 아버지의 하나님들이 우리 사이를 재판하신다.” 야곱이 자기 아버지 이삭의 두려워하는 분으로 맹세되었습니다.

289
👆
31:54

야곱이 산에서 제물을 제물드렸으며, 빵을 먹으라고 자기 형제들을 불렀습니다. 그들이 빵을 먹었으며 산에서 숙박하였습니다.

창세기

32장

290절~301절 [개역개정, KJV 32:1~32:33]

소제를 통한 구원 상실의 위기 극복

32장
창세기

290
👆
32:1

라반이 아침에 일찍일어났으며, 자기 아들들과 자기 딸들에게 입맞추었으며, 그들을 축복하였으며 갔습니다. 라반은 자기 지역에 거하였습니다.

291
👆
32:2~3

야곱이 자기 길을 진행하였습니다. 하나님들의 천사들이 그를 만났습니다. 야곱이 그들을 보자 말했습니다. "이것은 하나님들의 진영이다." 그는 그 지역의 이름을 마하나임이라 불렀습니다.

292
👆
32:4~6

야곱이 에돔의 들, 세일 땅으로, 자기 형제 에서에게 자기보다 앞서 전달자들을 보내었으며, "너희는 나의 주인 에서에게 이와같이 말하라. '당신의 남종 야곱이 말했습니다. "내가 라반과 함께 체류하였기에, 지금까지 지체하였습니다. 내게 소떼와 수나귀떼와 양염소떼와 남종무리와 여종무리가 생겼습니다. 내가 나의 주인께 알게하고 당신의 두눈에 은혜를 얻으려고 사람보내었습니다." ' "라고, 그들에게 명령하여 말했습니다.

293

32:7~9

전달자들이 야곱에게 돌아와 말했습니다. "우리가 당신의 형제에게, 에서에게 갔는데, 그도 당신을 맞이하려고 자기와 함께 400명의 남자와 동행하고 있습니다." 야곱이 매우 두려워하였습니다. 그가 자신에게 짓눌렸습니다. 그는 자기에게 있는 백성 그리고 양염소떼 그리고 소떼와 수낙타들을 두 진영으로 분할하였으며 말했습니다. "만약 에서가 하나의 진영에 와서 쳐죽인다면, 남겨진 진영이 도망하게 될 것이다."

294

32:10~13

야곱이 말했습니다. "'네 땅, 네 친척에게 돌아가라! 내가 너와 함께 선대하리라.'라고 제게 말씀하신, 저의 아버지 아브라함의 하나님들, 저의 아버지 이삭의 하나님들이신 여호와여! 당신이 당신의 남종에게 행하셨던 모든 인자들과 모든 진리를 감당할수없는데, 제가 제 가지지팡이로 이 요단을 통과했으나, 지금 저는 두 진영이 생겼기 때문입니다. 바라건대, 제 형제의 손에서, 에서의 손에서 저를 건져주옵소서! 제가 그를 두려워하고 있는데, 그가 와서 아들들을 맡은 어머니인 저를 쳐죽이지 않기 위함입니다. 당신이 말씀하시기를, '내가 너와 함께 선대하고 선대하여, 네 자손을 세어지지 못하는 바다의 모래같이 많게 정하였다.'라고 하셨습니다."

295

32:14~16

그가 밤에 그곳에서 숙박하였으며, 자기 손으로 가져들고온 것 중에, 암염소들 200마리, 숫염소들 20마리, 암양들 200마리, 숫양들 20마리, 젖먹이는 암낙타들과 그들의 새끼들 30마리, 암소들 40마리, 수송아지들 10마리, 암나귀들 20마리, 어린수나귀들 10마리를, 자기 형제 에서에게 소제물로 가져왔습니다.

296
👆
32:17~19

그가 자기 남종들의 손에 떼와 떼를 따로 주었으며, 자기 남종들에게 말했습니다. "너희가 나보다 앞서 통과하라! 너희는 떼와 떼 사이에 가시거리를 둔다." 그가 첫째에게 명령하여 말했습니다. "내 형제 에서가 너를 만나, '너는 누구냐? 너는 어디로 가느냐? 네 앞의 이것은 누구의 것이냐?'라는 말로 그가 네게 물으면, 너는 '그것은 나의 주인 에서에게로 보내어지는 당신의 남종 야곱 소제물입니다. 오! 우리 뒤에 그도 있습니다.'라고 너는 말할 것이다."

297
👆
32:20~21

그가 두번째에게도 세번째에게도 뒤에 진행하는 모든 떼들에게도 명령하여 말하기를, "너희가 에서를 발견하면 그에게 이야기로 얘기하는데, '오! 당신의 남종 야곱도 우리 뒤에 있습니다.'라고 말할 것이다."라고 했습니다. 왜냐하면 그가 말했는데, "나는 내 앞에 진행하는 소제물로 그 앞에서 속죄하리라. 그런 후에, 내가 그의 얼굴을 보면, 혹시 그가 내 얼굴을 감안하리라."라고 했습니다.

298
👆
32:22~24

소제물이 그보다 앞서서 통과하였으며, 그는 그 밤에 진영에서 숙박하였습니다. 그는 그 밤에 일어났으며, 자기 두 여자들 그리고 자기 두 여종들 그리고 자기 열한 자녀들을 동반하여 얍복의 나루를 통과하였습니다. 그가 그들을 동반하여, 그들이 계곡을 통과하게하였으며, 자기에게 있는 것을 통과하게하였습니다.

299

☞

32:25~27

야곱은 자기 혼자 남겨졌습니다. 새벽빛이 올라오기까지, 한 남자가 그와 함께 씨름기도되었습니다. 그분이 그를 이기지 못하는 것을 보았으며, 그의 궁둥이의 바닥을 만지셨습니다. 그분이 그와 함께 씨름기도되는데, 야곱의 궁둥이의 바닥이 탈구되었습니다. 그분이 말씀하셨습니다. "새벽빛이 올라왔으니, 너는 나를 보내줘라!" 그가 말했습니다. "당신이 저를 축복하실지라도, 저는 당신을 보내지 않습니다."

300

☞

32:28~31

그분이 그에게 말씀하셨습니다. "네 이름이 무엇이냐?" 그가 말했습니다. "야곱입니다." 그분이 말씀하셨습니다. "네 이름이 다시는 야곱이라 일컬어지지 않는데, 네가 하나님들과 함께 사람들과 함께 겨루어 이기었기에, 도리어 이스라엘이다." 야곱이 물었으며 말했습니다. "바라건대, 당신의 이름을 알게해주십시오!" 그분이 말씀하셨습니다. "이자야! 네가 내 이름을 왜 묻느냐?" 그곳에서 그분이 그를 축복하셨습니다. 야곱이 그 지역의 이름을 브니엘이라 불렀는데, '내가 하나님들을 얼굴에 얼굴로 보았으나, 내 목숨이 건져졌다.'라는 것입니다.

301

☞

32:32~33

그가 브니엘을 통과하자, 태양이 그에게 돋았는데, 그는 자기 궁둥이를 인하여 절었습니다. 그렇게해서, 이스라엘의 아들들이 오늘날까지, 궁둥이의 바닥에 있는 관절의 힘줄을 먹지 않는데, 그분이 야곱의 궁둥이의 바닥 곧 관절의 힘줄을 만지셨기 때문입니다.

GENESIS

33장

302절~308절 [개역개정, KJV 33:1~33:20]

참교회 붕괴의 위기 극복

33장

창세기

개역개정, KJV

302

33:1~3

야곱이 자기 두눈을 들어 보았는데, 오! 에서가 그와 함께 남자 400명과 오고있었습니다. 그는 자녀들을 레아에게와 라헬에게와 두 여종에게 분할하였습니다. 그는 여종들 그리고 그녀들의 자녀들을 첫째에 그리고 레아와 그녀의 자녀들을 그다음에 그리고 라헬 그리고 요셉을 그다음에 두었습니다. 그는 그들 앞을 통과하였으며, 자기 형제에게까지 다가가기까지 땅으로 7번 스스로 절하였습니다.

303

33:4~7

에서가 그를 맞이하려고 달려왔으며, 그를 안았으며, 그의 목에 떨구었으며, 그와 입맞추었습니다. 그들은 울었습니다. 그가 자기 두눈을 들었으며, 여자들 그리고 자녀들을 보았으며 말했습니다. "네게 있는 이들은 누구냐?" 그가 말했습니다. "하나님들이 당신의 남종에게 은혜베푸신 자녀들입니다." 그들 곧 여종들과 그녀들의 자녀들이 다가갔으며, 스스로 절하였습니다. 레아도 자기 자녀들과 다가갔으며, 스스로 절하였습니다. 후에, 요셉과 라헬이 다가가졌으며, 스스로 절하였습니다.

304
👆
33:8~11

그가 말했습니다. "내가 만난 이 모든 진영은 네게 누구냐?" 그가 말했습니다. "나의 주인의 두눈에 은혜를 얻으려는 것입니다." 에서가 말했습니다. "내 형제야! 내게 많이 있다. 네게 있는 것은, 네게 있게하라." 야곱이 말했습니다. "안됩니다. 바라건대, 만약, 바라건대, 내가 당신의 두눈에 은혜를 얻었다면, 당신은 내 손에서 나의 소제물을 가져갈 것입니다. 그렇게해서, 내가 하나님들의 얼굴로 보려고 당신의 얼굴을 볼 것이며, 당신은 흡족해할 것이기 때문입니다. 바라건대, 당신은 당신께 들어갈 나의 복을 가져가십시오! 왜냐하면 하나님들이 내게 은혜베푸셨기 때문이며, 내게 모든 것이 있기 때문입니다." 그가 그를 압박하였습니다. 그가 가져갔습니다.

305
👆
33:12~14

그가 말했습니다. "우리가 이동하자. 가자. 내가 네 곁에서 가련다." 그가 그에게 말했습니다. "내 주인은 아시겠지만, 자녀들은 연약하고, 내게 있는 양염소떼와 소떼는 젖먹으니, 사람들이 그들을 한 날에 때려몰 것이면, 모든 양염소떼가 죽을 것입니다. 바라건대, 내 주인은 남종보다 앞서 통과하십니다. 나는 내 앞에 있는 선발대의 발걸음 곧 자녀들의 발걸음으로 느리게 스스로 인도하려하며, 마침내, 내가 세일로, 내 주인께 갑니다."

306
👆
33:15~16

에서가 말했습니다. "바라건대, 내가 내게 있는 백성 중에 몇 명을 너와 함께 세우려한다." 그가 말했습니다. "어떻게 내가 내 주인의 두눈에 이같은 은혜를 얻습니까?" 그 날, 에서는 세일로, 자기 길에 거하였습니다.

307

33:17

야곱은 숙곳으로 이동하였으며, 자기에게 집을 건축하였으며, 자기 가축에게 초막들을 만들었는데, 그렇게해서 그 지역의 이름을 숙곳이라 불렀습니다.

308

33:18~20

야곱이 밧단-아람에서 들어오는 가나안의 땅에 있는 세겜의 성에 온전하게 들어왔습니다. 그는 성 앞에 장막쳤습니다. 은 100개로, 세겜의 아버지 하몰의 아들들의 손에서, 자기 장막을 펼칠 들의 한 부분을 샀습니다. 그가 그곳에 제단을 세웠습니다. 그가 그것을 엘-엘로헤-이스라엘이라고 불렀습니다.

34장

309절~316절 [개역개정, KJV 34:1~34:31]

세속 접촉의 위험

34장
창세기

👆 개역개정, KJV

309
👆
34:1~4

야곱에게 낳은 레아의 딸 디나가, 그 땅의 딸들을 보려고 나갔습니다. 히위족속 하몰의 아들, 그 땅의 족장 세겜이 그녀를 보았으며, 그녀를 데려왔으며, 그녀와 동침하였는데, 그녀를 학대한 것입니다. 그의 영혼이 야곱의 딸 디나에게 들러붙었으며, 그 소녀를 사랑하였으며, 그 소녀의 마음에 얘기하였습니다. 세겜이 자기 아버지 하몰에게, "이 여자아이를 제게 여자로 데려오십시오!"라는 말로 말했습니다.

310
👆
34:5~7

야곱은 그가 자기 딸 디나를 부정하게하였다고 들었습니다. 그의 아들들이 들에서 그의 가축과 있었으므로, 야곱은 그들이 들어오기까지 잠잠하였습니다. 세겜의 아버지 하몰이 야곱에게 얘기하려고 그에게 나왔습니다. 야곱의 아들들이 들으려고 들에서 들어왔습니다. 사람들이 스스로 슬퍼하였으며, 자신들에게 매우 분노하였는데, 그가 야곱의 딸과 동침하여, 그렇게 행해지지 말아야 할 어리석음을 이스라엘에게 행하였기 때문입니다.

311
👆
34:8~10

하몰이 그들에게 얘기하여 말했습니다. "내 아들 세겜이 당신들의 딸을 그의 영혼으로 연연하였으니, 바라건대, 당신들은 그녀를 그에게 여자로 주십시오! 당신들은 당신들의 딸들을 우리에게 주며 그리고 당신들은 우리 딸들을 당신들에게 데려가며, 당신들이 우리와 거하며, 당신들이 우리에게 스스로 사돈되십시오! 땅이 당신들 앞에 있으니, 당신들은 거하십시오! 그것을 매매하십시오! 당신들은 여기서 붙잡히십시오!"

312
👆
34:11~12

세겜이 그녀의 아버지에게와 그녀의 형제들에게 말했습니다. "당신들이 내게 말하는 것을 내가 주어, 내가 당신들의 두눈에 은혜를 얻게하십시오. 당신들은 내게 결혼계약금과 선물을 매우 많아지게하십시오! 당신들이 내게 말한 대로 내가 주렵니다. 당신들은 이 소녀를 내게 여자로 주십시오!"

313
👆
34:13~17

야곱의 아들들이 세겜 그리고 그의 아버지 하몰에게 대답하였는데, 그가 자기들의 누이 디나를 부정하게한 것에, 속임수로 얘기하였으며 그들에게 말했습니다. "우리는 포피가 있는 남자에게 우리 누이를 주는, 이 일을 행할 수 없는데, 그것은 우리에게 모욕이기 때문입니다. 오직 우리는 당신들에게 이렇게 허락되는데, 만약 당신들이 당신들 중 모든 남성이 우리 같이 할례받게 된다면, 우리는 당신들에게 우리 딸들을 줄 것이며 그리고 당신들의 딸들을 우리에게 데려와, 당신들과 거할 것이며, 우리는 한 백성이 될 것입니다. 만약 당신들이 할례받으라는 우리를 듣지 않으면, 우리 딸을 데려올 것이며 동행할 것입니다."

314
34:18~23

하몰의 두눈에 하몰의 아들 세겜의 두눈에, 그들의 얘기들이 선대받았습니다. 그 소년이 그 일을 행하기를 지체하지 않았는데, 그가 야곱의 딸에 흡족하였으며, 그는 자기 아버지의 집의 모든 자에게서 존중되었기 때문입니다. 하몰과 그 아들 세겜이 자기들의 성의 문에 들어왔으며, 자기들의 성의 사람들에게 얘기하여 말했습니다. "이 사람들, 그들은 온전하니, 그들이 이 땅에서 우리와 거합니다. 그들은 땅을 매매합니다. 오! 땅은 그들 앞에 두손에 넓습니다. 우리가 그들의 딸들을 우리에게 여자로 데려오고 그리고 우리 딸들을 그들에게 줍시다. 오직 그들이 우리에게 이렇게 허락되는데, 그 사람들이 우리와 거하며 한 백성이 되려면, 그들이 할례받은 것같이 우리 중에 모든 남성이 할례받는 것입니다. 그들의 가축과 그들의 자산과 그들의 모든 짐승 곧 그들의 것이 우리의 것이 아니겠습니까? 오직 우리는 그들에게 허락되십시다. 그들이 우리와 거합니다."

315
34:24~29

그 성의 문으로 나오는 모든 자들이 하몰에게와 그의 아들 세겜에게 들었으며, 그 성의 문으로 나오는 모든 자들, 모든 남성이 할례받았습니다. 그들이 아파하게 되는, 세번째 날이 되었습니다. 야곱의 두 아들, 디나의 형제들 시므온과 레위가 각각 자기 칼을 가져갔으며, 담대함으로 성에 들어갔으며, 모든 남성을 죽였습니다. 그리고 하몰 그리고 그의 아들 세겜을 칼의 입구로 죽였으며, 세겜의 집에서 디나를 동반하여 나왔습니다. 야곱의 아들들이 그 살육현장에 왔으며, 자기들의 누이를 부정하게한 성을 약탈하였습니다. 그리고 그들의 양염소떼 그리고 그들의 소떼 그리고 그들의 수나귀들 그리고 그 성에 있는 것 그리고 들에 있는 것을 그들이 가져왔습니다. 그리고 그들의 모든 군사 그리고 그들의 모든 아이들 그리고 그들의 여자들을 사로잡았으며, 그리고 집에 있는 모든 것을 약탈하였습니다.

316
👆
34:30~31

야곱이 시므온에게, 레위에게 말했습니다. "너희는 이 땅에 거하는 가나안족속과 브리스족속에게 나를 미움받게하여, 나를 곤란하게하였다. 나는 숫자가 적으며, 그들이 내게 모여질 것이며, 나를 쳐죽일 것이다. 나와 내 집은 전멸될 것이다." 그들이 말했습니다. "그가 우리 누이를 음행하는여자로 만드는데요?"

• 전무후무한 성경 •

GENESIS

• 세계 최초 1:1 대응 번역 •

35장

317절~327절 [개역개정, KJV 35:1~35:29]

벧엘을 떠남으로 온 징계들

35장
창세기

👆 개역개정, KJV

317
👆
35:1

하나님들이 야곱에게 말씀하셨습니다. "너는 일어나라! 너는 벧-엘로 올라가라! 너는 그곳에 거하라! 너는 네 형제 에서 앞에서 도망하던 너에게 보인 하나님께 그곳에 제단을 만들어라!"

318
👆
35:2~3

야곱이 자기 집에게, 자기와 함께 있는 모든 자에게 말했습니다. "너희는 너희 가운데 있는 이방의 하나님들을 빼내라! 너희는 스스로 정결케하라! 너희의 겉옷들을 바꿔라! 우리가 일어나자. 벧-엘로 올라가자. 나의 환난의 날에 내게 대답하신, 하나님께 그곳에 제단을 만들려한다. 그분은 내가 진행했던 길에서 나와함께 계셨다."

319
👆
35:4~5

그들이 야곱에게 자기들의 손에 있는 모든 이방의 하나님들 그리고 그들의 두귀에 있는 고리들을 주었습니다. 야곱이 그것들을 세겜과 함께 있는 상수리나무 아래에 감추었습니다. 그들이 이동하였는데, 사면에 있는 성들에게 하나님들의 공

포가 있었기에, 사람들이 야곱의 아들들의 뒤를 추격하지 못했습니다.

320
👆
35:6~7

야곱 그리고 함께 있는 모든 백성이, 가나안의 땅에 있는 루스 곧 벧-엘로 들어왔습니다. 그가 그곳에서 제단을 건축하였으며, 그 지역을 엘-벧-엘이라 불렀는데, 자기 형제 앞에서 도망하는 그에게, 하나님들이 그곳에서 드러내지셨기 때문입니다.

321
👆
35:8

리브가를 젖먹였던 드보라가 죽었습니다. 그녀는 벧-엘 아래 상수리나무 아래에 장사되었습니다. 그 이름을 알론-바굿이라 불렀습니다.

322
👆
35:9~10

하나님들이 밧단-아람에서 온 야곱에게 다시 보이셨으며, 그를 축복하셨습니다. 하나님들이 그에게 말씀하셨습니다. "네 이름이 야곱이지만, 다시는 네 이름이 야곱이라 불리지 말라. 네 이름이 도리어 이스라엘이 되기 때문이다." 그분이 그의 이름을 이스라엘이라 부르셨습니다.

323
👆
35:11~12

하나님들이 그에게 말씀하셨습니다. "나는 전능자 하나님이다. 너는 다산하라! 너는 많아져라! 민족과 민족들의 총회가 네게서 생기고, 왕들이 네 두고환에서 나온다. 그리고 내가 아브라함과 이삭에게 준 땅을 네게 주며, 네 후의 자손에게도 내가 그 땅을 준다."

324

35:13~15

하나님들이 그와 얘기하시던 지역에서 그의 위로 올라가셨습니다. 야곱은 그분이 자기와 얘기하시던 그 지역에 기둥을 세웠으며, 돌의 기둥 그 위에 부어드리는제물을 부어드렸으며, 그 위에 기름을 부었습니다. 야곱은 하나님들이 그곳에서 자기와 얘기하시던 지역의 이름을 벧-엘이라 불렀습니다.

325

35:16~20

그들이 벧-엘에서 이동하였으며, 다시 에브랏으로 가는, 땅의 근거리에 있었습니다. 라헬이 낳았습니다. 그녀는 낳는데 강팍하였습니다. 그녀가 낳는데 강팍하게 되자, 낳게하는여자가 그녀에게 말했습니다. "당신에게 이자도 아들이니, 두려워하면 안됩니다." 그녀의 영혼이 나가게 되어, 그녀가 죽은 것입니다. 그녀가 그의 이름을 벤-오니라고 불렀지만, 그의 아버지가 그를 베냐민이라 불렀습니다. 라헬이 죽었으며, 에브랏 곧 베들-레헴의 길에서 장사되었습니다. 야곱이 그녀의 무덤 위에 기둥을 세웠으며, 그것이 오늘까지 라헬의 무덤의 기둥입니다.

326

35:21~26

이스라엘이 이동하였으며, 에델의 망대 앞으로 자기 장막을 펼쳤습니다. 이스라엘이 그 땅에 머물게 되었습니다. 르우벤이 가서 자기 아버지의 첩 빌하와 동침하였습니다. 이스라엘이 들었습니다. 야곱의 아들들은 열둘이었습니다. 레아의 아들들은 야곱의 장자 르우벤과, 시므온과 레위와 유다와 잇사갈과 스불론이며, 라헬의 아들들은 요셉과 베냐민이며, 라헬의 여종 빌하의 아들들은 단과 납달리이며, 레아의 여종 실바의 아들들은 갓과 아셀이니, 이들은 밧단-아람에서 야곱에게 낳아진 그의 아들들입니다.

327
👆
35:27~29

야곱이 아브라함과 이삭이 체류하던, 마므레-기럇-아르바 곧 헤브론, 자기 아버지 이삭에게 왔습니다. 이삭의 나이가 100년 80년이었습니다. 이삭이 숨끊어졌으며, 죽었습니다. 그는 노년에 나이가 꽉차서 자기 백성에게 모아졌습니다. 그의 아들들 에서와 야곱이 그를 장사하였습니다.

GENESIS

창세기

36장

328절~340절 [개역개정, KJV 36:1~36:43]

이단 기독교 : 에돔

36장

창세기

☞ 개역개정, KJV

328
☞
36:1~3

다음은 에서 곧 에돔의 후대입니다. 에서가 가나안의 딸들 중에 헷족속 엘론의 딸 아다 그리고 히위족속 시브온의 딸 아나의 딸 오홀리바마 그리고 이스마엘의 딸 느바욧의 누이 바스맛을 자기 여자들로 데려왔습니다.

329
☞
36:4~5

아다는 에서에게 엘리바스를 낳았으며 바스맛은 르우엘을 낳았습니다. 오홀리바마는 여우스 그리고 얄람 그리고 고라를 낳았습니다. 이들은 가나안의 땅에서 그에게 낳아진 에서의 아들들입니다.

330
☞
36:6~7

에서가 자기 여자들 그리고 자기 아들들 그리고 자기 딸들 그리고 자기 집의 모든 영혼들 그리고 자기 가축 그리고 자기의 모든 짐승 그리고 가나안의 땅에서 모은 자기의 모든 자산과 동반하여, 자기 형제 야곱 앞에서 땅에 갔는데, 그들의 많은 재산이 함께 거하게 되었으나, 그들의 체류의 땅이 그들의 가축들 앞에서 그들을 감당할수없었기 때문입니다.

에서는 세일의 산에 거하였으며, 에서는 곧 에돔입니다. 다음은 세일의 산에 에돔의 아버지 에서의 후대입니다. 이들은 에서의 아들들의 이름들입니다. 엘리바스는 에서의 여자 아다의 아들이며, 르우엘은 에서의 여자 바스맛의 아들입니다. 엘리바스의 아들들은 데만, 오말, 스보와 가담과 그나스였으며, 딤나는 에서의 아들 엘리바스의 첩이었습니다. 그녀가 엘리바스에게 아말렉을 낳았는데, 이들은 에서의 여자 아다의 아들들입니다. 다음은 르우엘의 아들들입니다. 나핫과 세라, 삼마와 미사이며, 이들은 에서의 여자 바스맛의 아들들이었습니다. 다음은 시브온의 딸, 아나의 딸, 에서의 여자 오홀리바마의 아들들이었습니다. 그녀가 에서에게 여우스 그리고 얄람 그리고 고라를 낳았습니다.

다음은 에서의 아들들 중에 에서의 장자 엘리바스의 아들들 중의 족장들입니다. 데만 족장, 오말 족장, 스보 족장, 그나스 족장, 고라 족장, 가담 족장, 아말렉 족장이며, 이들은 에돔의 땅에 엘리바스의 족장들로서, 이들은 아다의 아들들입니다.

다음은 에서의 아들 르우엘의 아들들입니다. 나핫 족장, 세라 족장, 삼마 족장, 미사 족장이며, 이들은 에돔의 땅에 르우엘의 족장들로서, 이들은 에서의 여자 바스맛의 아들들입니다.

다음은 에서의 여자 오홀리바마의 아들들입니다. 여우스 족장, 얄람 족장, 고라 족장이며, 이들은 아나의 딸이며 에서의 여자인 오홀리바마의 족장들입니다.

335
👆
36:19

이들은 에서의 아들들이며, 이들은 그들의 족장들인데 곧 에돔입니다.

336
👆
36:20~21

다음은 그 땅에 거하는 호리족속인 세일의 아들들입니다. 로단과 소발과 시브온과 아나와 디손과 에셀과 디산이며, 이들은 에돔의 땅에 세일의 아들들인 호리족속의 족장들입니다.

337
👆
36:22~28

로단의 아들들은 호리와 헤맘과 로단의 누이 딤나였습니다. 다음은 소발의 아들들이며, 알완과 마나핫과 에발과 스보와 오남입니다. 다음은 시브온의 아들들이며, 아야와 아나입니다. 아나 그는 자기 아버지 시브온의 수나귀들을 사육하는데, 광야에서 노새들을 발견한 자입니다. 다음은 아나의 아들들이며, 디손과 아나의 딸 오홀리바마입니다. 다음은 디손의 아들들이며, 헴단과 에스반과 이드란과 그란입니다. 다음은 에셀의 아들들이며, 빌한과 사아완과 아간입니다. 다음은 디산의 아들들이며, 우스와 아란입니다.

338
👆
36:29~30

다음은 호리족속의 족장들이며, 로단 족장, 소발 족장, 시브온 족장, 아나 족장, 디손 족장, 에셀 족장, 디산 족장입니다. 이들은 세일의 땅의 족장들로서 호리족속의 족장들입니다.

339
👆
36:31~39

다음은 왕이 이스라엘의 아들들에 왕노릇하기 앞서, 에돔의 땅에서 왕노릇하던 왕들입니다. 브올의 아들 벨라가 에돔에 왕노릇하였으며, 그 성의 이름은 딘하바입니다. 벨라가 죽었으며, 그를 대신하여, 보스라에서 세라의 아들 요밥이 왕노릇하였습니다. 요밥이 죽었으며, 그를 대신하여, 데만족속의 땅에서 후삼이 왕노릇하였습니다. 후삼이 죽었으며, 그를 대신하여, 브닷의 아들 곧 모압의 들에서 미디안을 쳐죽인 하닷이 왕노릇하였으며, 그 성의 이름은 아윗입니다. 하닷이 죽었으며, 그를 대신하여, 마스레가에서 삼라가 왕노릇하였습니다. 삼라가 죽었으며, 그를 대신하여, 르호봇 강에서 사울이 왕노릇하였습니다. 사울이 죽었으며, 그를 대신하여, 악볼의 아들 바알-하난이 왕노릇하였습니다. 악볼의 아들 바알-하난이 죽었으며, 그를 대신하여, 하달이 왕노릇하였으며, 그 성의 이름은 바우이며, 그의 여자의 이름은 므헤다벨이니 마드렛의 딸이며 메-사합의 딸입니다.

340

36:40~43

다음은 그들의 족속과 그들의 지역과 그들의 이름에 따른 에서의 족장들의 이름들입니다. 딤나 족장, 알와 족장, 여뎃 족장, 오홀리바마 족장, 엘라 족장, 비논 족장, 그나스 족장, 데만 족장, 밉살 족장, 막디엘 족장, 이람 족장입니다. 이들은 그들의 소유의 땅에서 그들의 거주지역에 따른 에돔의 족장들입니다. 에서 그는 에돔의 아버지입니다.

GENESIS

37 장

341절~356절 [개역개정, KJV 37:1~37:36]

속죄의 그림자 요셉

37장

창세기

개역개정, KJV

341

37:1

야곱이 자기 아버지의 체류의 땅 곧 가나안의 땅에 거하였습니다.

342

37:2~4

다음은 야곱의 후대입니다. 17년의 아들 요셉이 자기 형제들과 양염소떼를 사육하게 되었습니다. 소년 그는 자기 아버지의 여자들 빌하의 아들들 그리고 실바의 아들들과 있었습니다. 요셉은 그들의 아버지에게 그들의 악한 평가를 가져들고 왔습니다. 이스라엘은 자기 모든 아들들보다 요셉을 사랑하였는데, 그는 자기에게 노년기의 아들이기 때문입니다. 그가 그에게 채색 옷을 만들었습니다. 그의 형제들은 자기들의 아버지가 그의 모든 형제들보다 그를 사랑하는 것을 보았으며, 그를 미워하였습니다. 그들이 평안으로 그에게 얘기할 수 없었습니다.

343

37:5~7

요셉이 꿈을 꿈꾸었으며 자기 형제들에게 알게하였습니다. 그들이 그를 미워하기를 또 거듭하였습니다. 그가 그들에게 말했습니다. "바라건대, 당신들은 내가 꿈꾼 이 꿈을 들으세요! 오! 우리가 들의 가운데서 곡식단들을 묶고있는데, 오! 내 곡식단이 일어났으며 또한 오! 당신들의 곡식단들이 세워졌고, 돌며 내 곡식단에 스스로 절하였습니다."

344
👆
37:8

그의 형제들이 그에게 말했습니다. "네가 우리 위에 왕노릇하고 왕노릇하느냐? 혹여, 네가 우리를 다스리고 다스리느냐?" 그들은 그의 꿈들로 인하여 그의 얘기들로 인하여 그를 미워하기를 또 거듭하였습니다.

345
👆
37:9

그가 또 다른 꿈을 꿈꾸었는데, 그것을 자기 형제들에게 보고하였으며 말했습니다. "오! 내가 또 꿈을 꿈꾸었습니다. 오! 태양과 달과 11개의 별들이 내게 스스로 절합니다."

346
👆
37:10~11

그가 자기 아버지에게, 자기 형제들에게 보고하였습니다. 그의 아버지가 그를 꾸짖었으며, 그에게 말했습니다. "네가 꿈꾼 이 꿈이 무엇이냐? 나와 네 어머니와 네 형제들이 네게 땅으로 스스로 절하려고, 가고 가겠느냐?" 그의 형제들은 그에게 질투하였지만, 그의 아버지는 그 얘기를 지켰습니다.

347
👆
37:12~14

그의 형제들이 자기들의 아버지의 양염소떼를 사육하려고 세겜에 갔습니다. 이스라엘이 요셉에게 말했습니다. "네 형제들이 세겜에서 사육하지 않느냐? 너는 가라! 내가 너를 그들에게 보낸다." 그가 그에게 말했습니다. "내가 여기 있습니다." 그가 그에게 말했습니다. "바라건대, 너는 가라! 네 형제들의 평안 그리고 양염소떼의 평안을 보아라! 너는 내게 얘기하러 돌아와라!" 그가 그를 헤브론의 골짜기에서 보냈습니다. 그는 세겜으로 갔습니다.

348
37:15~17

오! 한 남자가 들에서 방황하는 그를 발견하였습니다. 그 남자가 그에게, "당신은 무엇을 찾습니까?"라는 말로 물었습니다. 그가 말했습니다. "내가 나의 형제들을 찾으니, 바라건대, 그들이 어디서 사육하는지 내게 알게하십시오!" 그 남자가 말했습니다. "그들이 여기서 이동하였는데, 나는 그들이, '우리가 도단으로 가자.'라고 말하는 것을 들었습니다." 요셉이 자기 형제들을 뒤쫓아 갔으며, 도단에서 그들을 발견하였습니다.

349
37:18~20

그들은 그가 자기들에게 가까워지기 전에, 멀리서 그를 보았으며, 그를 죽이기로 자기들끼리 계략짰습니다. 그들이 각각 자기 형제에게 말했습니다. "오! 꿈들의 당사자가 저기 왔다. 지금 너희는 와라! 우리가 그를 죽이고, 그를 구덩이들 중 하나에 던지고, '악한 생명이 그를 먹었다.'라고 말할 것이다. 우리는 그의 꿈들이 어떻게 되는지를 본다."

350
37:21~22

르우벤이 들었으며, 그들의 손에서 그를 건지게하였으며 말했습니다. "우리가 그의 목숨을 쳐죽이지 말자." 르우벤이 그들에게 말했습니다. "너희는 피를 흘리면 안된다. 너희는 그를 광야에 있는 이 구덩이에 던져라! 너희는 그에게 손을 내밀면 안된다." 그가 그들의 손에서 그를 건지고 자기 아버지에게 그를 돌아가게하기 위함이었습니다.

351
👆
37:23~24

요셉이 자기 형제들에게 오게 되자, 그들이 요셉에게서 그의 옷 그리고 그의 곁에 있는 채색 옷을 벗겼으며, 그를 데려왔으며, 구덩이로 그를 던졌는데, 그 구덩이는 그 안에 물이 없이 비어있었습니다.

352
👆
37:25~27

그들이 빵을 먹으려고 앉았으며, 자기들의 두눈을 들었으며 보았는데, 오! 길르앗에서 이스마엘족속들의 대상이 오는 것입니다. 그들의 낙타들은 향신료와 유향과 몰약을 싣고, 애굽으로 내려가기를 진행하고 있었습니다. 유다가 자기 형제들에게 말했습니다. "우리가 우리의 형제를 죽이고 그의 피를 덮는 것이 무슨 이익인가? 너희는 가라! 우리는 그를 이스마엘족속들에게 팔고, 우리 손이 그에게 있으면 안된다. 그는 우리의 형제이며 우리의 몸이다." 그들이 그 형제에게서 들었습니다.

353
👆
37:28

매매하는 자들인 미디안족속들의 사람들이 통과하였습니다. 그들이 요셉을 구덩이에서 끌어서 올렸습니다. 그들이 요셉을 이스마엘족속들에게 은 20개에 팔았습니다. 그들이 요셉을 애굽으로 가져들고왔습니다.

354
👆
37:29~30

르우벤이 구덩이에 돌아왔는데, 오! 구덩이에 요셉이 없는 것입니다. 그가 자기 의복들을 찢었으며, 자기 형제에게 돌아와서 말했습니다. "자녀가 없다! 나는 어디로? 나는 가나?"

355

🖑

37:31~35

그들이 요셉의 옷을 가져왔으며, 염소들 중에서 숫염소를 희생시켰으며, 옷을 피에 찍었습니다. 그들은 채색 옷을 보냈습니다. 그들이 자기들의 아버지에게 가져들고가게하였으며 말했습니다. "우리가 이것을 발견했습니다. 바라건대, 그것이 당신 아들 옷인지 아닌지 알아보십시오!" 그가 그것을 알아보고 말했습니다. "내 아들의 옷이다. 악한 생명이 그를 먹었다. 요셉이 물어뜯어 물어뜯겼다." 야곱이 자기 겉옷들을 찢었으며, 삼베를 그의 양옆구리에 매었으며, 자기 아들로 인하여 많은 날들을 스스로 슬퍼하였습니다. 그의 모든 아들들과 그의 모든 딸들이 그를 위로하려고 일어났지만, 그는 위로하는 것을 스스로 거절하였으며, "내가 슬퍼하며 지옥으로, 내 아들에게 내려간다."고 말했습니다. 그의 아버지가 그로 울었습니다.

356

🖑

37:36

미디안족속들이 그를 바로의 신하이며 경호원들의 장관인 보디발, 애굽에게 팔았습니다.

38장

357절~366절 [개역개정, KJV 38:1~38:30]

구원 = 회개

38장

창세기

개역개정, KJV

357
38:1~5

그 때에, 유다가 자기 형제들에게서 내려갔으며, 그의 이름이 히라인 아둘람족속 남자에게까지 펼치었습니다. 그곳에서 유다가 그의 이름이 수아인 가나안족속 남자의 딸을 보았으며, 데려왔으며, 그녀에게 들어갔습니다. 그녀가 잉태하였으며, 아들을 낳았습니다. 그가 그의 이름을 엘이라 불렀습니다. 그녀가 또 잉태하였으며, 아들을 낳았는데, 그의 이름을 오난이라 불렀습니다. 그녀가 또 거듭하여 아들을 낳았는데, 그의 이름을 셀라라고 불렀는데, 그녀가 그를 낳는데, 그는 거십에 있었습니다.

358
38:6~10

유다가 자기 장자 엘에게 여자를 데려왔는데, 그녀의 이름은 다말이었습니다. 유다의 장자 엘이 여호와의 두눈에 악하였기에, 여호와께서 그를 죽게하셨습니다. 유다가 오난에게 말했습니다. "너는 네 형제의 여자에게 들어가라! 너는 그녀와 계대결혼하라! 너는 네 형제에게 자손을 일어나게하라!" 오난은 자손이 그의 것이 되지 않는 것을 알았기에, 만약 자기 형제의 여자에게 들어가게 되면, 자기 형제의 자손을 주지 않게하려고 땅으로 망하게하였습니다. 그가 행한 일로 여호와의 두눈에 근심시켰습니다. 그분이 그도 죽게하셨습니다.

359
👆
38:11

유다가 자기 며느리 다말에게 말했습니다. "너는 내 아들 셀라가 자라기까지 너의 아버지의 집에 과부로 거하라!" 그가 말한 것은, 그도 그의 형제들처럼 죽지 않기 위함입니다. 다말은 자기 아버지 집에 갔으며 거하였습니다.

360
👆
38:12

기간이 많아졌으며, 유다의 여자 수아의 딸이 죽었습니다. 유다가 위로받았으며, 자기 양염소떼의 털깎는 자 곧 자기 이웃 아둘람족속 히라에게, 딤나로 올라갔습니다.

361
👆
38:13~14

"오! 네 시아버지가 그의 양염소떼를 털깎으려고 딤나로 올라가고 있다."라고 누군가 다말에게 알려주어 말했습니다. 그녀가 자기에게서 자기 과부신분의 의복들을 벗어버렸으며, 얼굴가리개로 덮었으며, 스스로 연약하게하였으며, 딤나로의 길가에 있는 에나임의 출입문에 앉았습니다. 그녀는 셀라가 자란 것을 보았지만, 자기가 여자로서 그에게 주어지지 않았기 때문입니다.

362
👆
38:15~18

유다가 그녀를 보았으며, 그녀를 음행하는여자로 여겼는데, 그녀가 자기 얼굴을 덮었기 때문입니다. 그가 길에 그녀에게 펼쳤으며 말했습니다. "바라건대, 너는 내가 네게 들어가게 하도록하라!" 그는 그녀가 자기 며느리인 것을 알지 못했기 때문입니다. 그녀가 말했습니다. "당신이 내게 들어오니, 내게 무엇을 줍니까?" 그가 말했습니다. "내가 내 양염소떼에서 암염소들 중 새끼 하나를 보낸다." 그녀가 말했습니다. "만약 당신이 보내기까지 담보물을 준다면요." 그가 말했습니다. "무엇이 내가 네게 주는 담보물이냐?" 그녀가 말했습니다. "당신의 도장과 당신의 끈과 당신의 손에 있는 지팡이입니다." 그가 그녀에게 주었습니다. 그가 그녀에게 들어갔습니다. 그녀가 그에게서 잉태하였습니다.

363
👆
38:19~23

그녀가 일어났으며, 갔습니다. 그녀는 자신에게서 자기 얼굴 가리개를 벗어버렸으며, 과부신분의 의복들을 입었습니다. 유다가 여자의 손에서 담보물을 가져오려고 아둘람족속 자기 이웃의 손에 암염소들 중 새끼 하나를 보냈습니다. 그가 그녀를 발견하지 못하였습니다. 그가 그 지역의 사람들에게 물어 말했습니다. "길가 에나임에 창녀 그녀가 어딨습니까?" 그들이 말했습니다. "이곳에는 창녀가 없었습니다." 그가 유다에게 돌아왔으며, 말했습니다. "내가 그녀를 발견하지 못했는데, 그 지역의 사람들도, '이곳에는 창녀가 없었습니다.'라고 말했습니다." 유다가 말했습니다. "그녀가 그것을 가져가는데, 우리가 멸시에 있지 않기 위함이다. 오! 내가 이 새끼 하나를 보냈으나, 너는 그녀를 발견하지 못했다."

364
👆
38:24~25

3개월이 되었으며, 누군가 유다에게 알려주어 말했습니다. "네 며느리 다말이 음행하였고, 또 오! 음행으로 잉태하였다." 유다가 말했습니다. "너희는 그녀를 나오게하라! 그녀는 불살라진다." 그녀가 나와지는데, 그녀는 자기 시아버지에게 사람보내어 말했습니다. "이것들이 있는 남자, 내가 그에게서 잉태한 것입니다." 그녀가 말했습니다. "바라건대, 당신은 알아보게하십시오! 이 도장과 끈들과 지팡이가 누구의 것입니까?"

365

☞

38:26

유다가 알아보았으며 말했습니다. "그녀는 나보다 의로웠다. 내가 그녀를 내 아들 셀라에게 주지 않은 것이기 때문이다." 그가 그녀와 동침하는 것을 다시는 거듭하지 않았습니다.

366

☞

38:27~30

그녀의 낳는 때가 되었는데, 오! 쌍둥이가 그녀의 태에 있었습니다. 그녀가 낳게 되었으며, 그가 손을 내었는데, 낳게하는여자가 가져와, "이자가 첫째로 나왔다."라고 말하며, 그 손에 홍색실을 매었습니다. 그의 손이 돌아가게 되었고, 오! 그의 형제가 나왔습니다. 그녀가 말했습니다. "왜 너는 밀침으로 네 앞을 밀쳐내었느냐?" 그의 이름을 베레스라 불렀습니다. 후에, 자기 손 위에 홍색실이 있는 그의 형제가 나왔으며, 그의 이름을 세라라고 불렀습니다.

GENESIS

창세기

39장

367절~376절 [개역개정, KJV 39:1~39:23]

교만과 음란에서의 완전 탈출

39장
창세기

개역개정, KJV

367
39:1

요셉이 애굽으로 내려갔습니다. 바로의 신하, 경호원들의 장관, 애굽족속 남자 보디발이, 그곳으로 그를 내려가게한 이스마엘족속들의 손에서 그를 샀습니다.

368
39:2~4

여호와께서 요셉과 함께 계셨기에, 그가 형통하게하는 남자가 되었으며, 애굽족속 주인의 집에 있었습니다. 그의 주인은 그가 행하는 모든 것에 여호와께서 그와 계시는 것을 보았습니다. 여호와께서 그의 손에 형통하게하셨습니다. 요셉은 그의 두눈에 은혜를 얻어, 그를 섬겼습니다. 그가 그에게 자기 집을 맡아 담당하게하였으며, 자기에게 있는 모든 것을 그의 손에 주었습니다.

369
39:5~6

그가 그에게 자기 집과 자기에게 있는 모든 것을 맡아 담당하게한 그때부터, 여호와께서 요셉 때문에 애굽족속의 집을 축복하시게 되었으며, 집과 들에 그에게 있는 모든 것에 여호와의 복이 있었습니다. 그는 자기에게 있는 모든 것을 요셉의 손에 떠넘겼으며, 자기가 먹는 빵 외에 어떤 것도 그것을 알지 않았습니다. 요셉은 모습이 아름답고, 모양이 아름다웠습니다.

370
✋
39:7~9
이 일 후에, 그의 주인의 여자가 요셉에게 자기 두눈을 들어올렸으며 말했습니다. "너는 나와 함께 동침하라!" 그가 거절하였으며 자기 주인의 여자에게 말했습니다. "보십시오! 나의 주인이 자기에게 있는 집과 모든 것이 무엇인지를 내게서 알지 않았으며, 내 손에 주었습니다. 이 집에는 나보다 큰 자가 없습니다. 그가 내게 당신 외에는 어떤 것도 막지 않았는데, 당신이 그의 여자이기 때문입니다. 내가 어떻게 이렇게 큰 악을 행하여, 하나님들께 범죄하겠습니까?"

371
✋
39:10
그녀가 요셉에게 날마다 얘기하게 되었으나, 그는 자기와 더불어 동침하자는 또한 자기와 함께 있자는, 그녀에게 듣지 않았습니다.

372
✋
39:11~15
그 날이 되었으며, 그가 자기 업무를 행하러 집으로 들어갔는데, 그 집의 사람들 중 남자가 그곳 집에 없었습니다. 그녀가, "너는 나와 함께 동침하라!"라고 말하며, 그의 의복으로 그를 잡았습니다. 그가 자기 의복을 그녀의 손에 떠넘겼으며, 도망하였으며, 밖으로 나갔습니다. 그녀는 그가 그의 의복을 자기 손에 떠넘겼으며, 밖으로 도망한 것을 보게 되었습니다. 그녀가 자기 집의 사람들을 불렀으며, 그들에게 말하기를, "너희는 보라! 그가 우리에게 성접촉하는 히브리족속 남자를 우리에게 들어오게했는데, 나와 함께 동침하려고 나에게 들어왔기에, 내가 큰 음성으로 불렀다. 그는 내가 내 음성을 높아지게하여 부른 것을 듣게 되었으며, 나와 더불어 자기 의복을 떠넘겼으며, 도망하였으며 밖으로 나갔다."라고 말했습니다.

373
39:16~18

그녀는 자기 주인이 그의 집에 들어오기까지, 자기와 더불어 그의 의복을 머물게하였으며, 그에게 이 얘기들로 얘기하여 말했습니다. "당신이 우리에게 들어오게한 히브리족속 종이 내게 성접촉하려고 나에게 들어왔습니다. 내가 나의 음성을 높아지게하여 부르게 되었으며, 그가 나와 더불어 자기 의복을 떠넘겼으며, 밖으로 도망하였습니다."

374
39:19

그의 주인은, "당신의 종이 내게 이 일을 행하였다."라고 자기에게 말하며 얘기한 자기 여자의 얘기들을 듣게 되었으며, 그는 진노로 분노하였습니다.

375
39:20~22

요셉의 주인이 그를 데려왔으며, 왕의 죄수들이 가두어져 있는 장소인 감옥의 집에 그를 두었습니다. 그가 그곳 감옥의 집에 있었습니다. 여호와께서 요셉과 계셨으며, 그에게 인자를 펼치셨습니다. 그분은 감옥의 집의 장관의 두눈에 은혜를 주셨습니다. 감옥의 집의 장관이 감옥 집에 있는 모든 죄수들 그리고 그곳에서 행하는 모든 것을 요셉의 손에 주었습니다. 그는 행하게 되었습니다.

376
39:23

감옥의 집의 장관은, 여호와께서 그와 계셨으며, 여호와께서 그가 형통하게하도록 행하셨기에, 자기 손에 모든 어떤 것도 보는 것이 없었습니다.

40장

377절~385절 [개역개정, KJV 40:1~40:23]

탈출 욕구에서의 자유

40장

창세기

개역개정, KJV

377
40:1~3

이 일 후에, 애굽의 왕의 음료담당자와 빵굽는 자가 자기들의 주인인 애굽의 왕에게 범죄하였습니다. 바로가 자기 두 신하에 대해, 곧 음료담당자들의 장관에 대해서와 빵굽는 자들의 장관에 대해 노하였습니다. 그가 그들을 경호원들의 장관의 집의 감방인 감옥의 집에 두었는데, 요셉이 갇힌 장소인 것입니다.

378
40:4~6

경호원들의 장관이 요셉에게 그들을 담당하게하였으며, 그가 그들을 섬겼습니다. 그들이 감방에 한 기간 있었습니다. 감옥의 집에 갇힌 애굽의 왕의 음료담당자와 빵굽는 자, 그들 둘이 각각 꿈을 꿈꾸었는데, 꿈의 해석이 각각인, 하룻 밤에 꿈이었습니다. 요셉이 아침에 그들에게 들어갔습니다. 그가 그들을 보았는데, 보라! 그들에게 울분있는 것입니다.

379
40:7~8

그가 자기 주인의 집의 감방에서 자기와 함께 있는 바로의 신하들에게 물어 말했습니다. "오늘 당신들의 얼굴이 악한 것은 무엇때문입니까?" 그들이 그에게 말했습니다. "우리가 꿈을 꿈꾸었는데, 그것을 해석하는 자가 없다." 요셉이 그들에게 말했습니다. "하나님들께 해석이 없습니까? 바라건대, 당신들은 내게 설명하십시오!"

380

40:9~11

음료담당자들의 장관이 자기 꿈을 요셉에게 설명하였으며 그에게 말했습니다. "나의 꿈에, 오! 내 앞에 포도나무가 있었다. 그 포도나무에 세 줄기가 있었고, 그것이 움텄으며, 그것의 꽃부리가 올라왔으며, 그것의 송이들 곧 포도들이 물러졌다. 바로의 잔이 내 손에 있었고, 내가 포도들을 가져갔으며, 바로의 잔에 그것들을 착즙하였으며, 그 잔을 바로의 손바닥에 주었다."

381

40:12~15

요셉이 그에게 말했습니다. "다음은 그것의 해석입니다. 세 줄기, 그것들은 3일입니다. 다시 3일에, 바로가 당신의 머리를 올리며, 당신을 당신 원래대로 돌아가게할 것입니다. 당신이 음료담당자이었던, 첫째 규정대로, 당신이 바로의 손에 그의 잔을 줄 것입니다. 만약, 그가 당신을 선대하여, 당신이 나를 기억하신다면, 바라건대, 당신은 나와함께 인자를 베푸실 것이며, 당신이 바로에게 나를 기억나게하여, 당신이 이 집에서 나를 나오게하실 것입니다. 왜냐하면 나는 히브리족속들의 땅에서 도둑질되었고 도둑질되었으며, 여기서도 나를 구덩이에 넣을 어떤 것도 내가 행하지 않았기 때문입니다."

382
🖐
40:16~17

빵굽는 자들의 장관이 그가 선하게 해석한 것을 보았으며, 요 섭에게 말했습니다. "정말로 나도 나의 꿈에 오! 흰색의 세 광 주리가 내 머리 위에 있었다. 높은 광주리에서, 바로의 모든 식사로 빵굽는 행위들이 있었고, 내 머리 위 광주리에서 새떼 가 그것들을 먹는 것이었다."

383
🖐
40:18~19

요셉이 대답하여 말했습니다. "다음은 그것의 해석입니다. 세 광주리, 그것들은 3일입니다. 다시 3일에, 바로가 당신에게서 당신의 머리를 올리고, 당신을 나무에 목매달 것이며, 새떼가 당신에게서 당신의 몸을 먹을 것입니다."

384
🖐
40:20~21

세번째 날이 되었으며, 바로가 낳게되어진 날, 자기 모든 종 들에게 만찬을 베풀었으며, 자기 종들 가운데 음료담당자들 의 장관의 머리 그리고 빵굽는 자들의 장관의 머리를 올렸습 니다. 그는 음료담당자들의 장관은 자기의 음료담당을 맡아 돌아가게했으며, 그가 바로의 손바닥에 잔을 주었습니다.

385
🖐
40:22~23

그리고 요셉이 그들에게 해석한 대로, 그는 빵굽는 자들의 장 관을 목매달았습니다. 음료담당자들의 장관은 요셉을 기억하 지 못하였으며, 그를 잊었습니다.

41장

386절~**401**절 [개역개정, KJV 41:1~41:57]

복음 전파기 7년과 환난기 7년

41장

창세기

개역개정, KJV

386
41:1~2

2년 기간의 끝이 되었으며, 바로가 꿈꾸었는데, 오! 그가 큰 강가에 서있는 것입니다. 오! 큰강에서 모양이 아름답고 몸이 살진 일곱 암소가 올라와, 갈대밭에서 풀뜯어먹었습니다.

387
41:3~4

오! 그 후에 다른 일곱 암소가 큰강에서 올라오는데, 모양이 악하고 몸이 세미하였습니다. 그것들은 그 암소들과 더불어 큰강의 둔치에 서있었습니다. 모양이 악하고 몸이 세미한 암소들이 모양이 아름답고 살진 일곱 암소를 먹었습니다. 바로가 깨어났습니다.

388
41:5~7

그가 잠들었으며, 두번째로 꿈꾸었습니다. 오! 한 중심줄기에 일곱 이삭이 올라오는데, 살지고 선합니다. 오! 그 후에 동쪽 편에서 세미하고 마른 일곱 이삭이 자랍니다. 세미한 이삭들이 살지고 충실한 일곱 이삭을 삼켰습니다. 바로가 깨어났습니다. 오! 꿈이었습니다.

389

41:8

아침이 되었으며, 그의 존재가 번민되었습니다. 그는 사람보내었고, 애굽의 모든 신접자들 그리고 그의 모든 지혜자들을 불렀습니다. 바로가 그들에게 자기 꿈을 설명하였으나, 그것들을 바로에게 해석하는 자가 없었습니다.

390

41:9~13

음료담당자들의 장관이 바로에게 얘기하여 말했습니다. "오늘 내가 나의 죄들을 기억합니다. 바로께서 자기 종들에게 노하셨으며, 경호원들의 장관의 집의 감방에 저 그리고 빵굽는 자들의 장관을 두셨습니다. 우리가 하룻 밤에 꿈을 꿈꾸었는데, 나와 그가 각각 해석있는 꿈을 꿈꾸었습니다. 그곳에, 경호원들의 장관 남종인 히브리족속 소년이 우리와 있었습니다. 우리가 그에게 설명하였으며, 그가 우리의 꿈을 우리에게 해석하였는데, 각각에게 그 꿈을 해석하였습니다. 그가 우리에게 해석한 그대로 되었으며, 그가 나의 원래대로 나를 돌아오게하게 하였습니다. 그리고 그는 목매달렸습니다."

391

41:14~16

바로가 사람보내었으며, 요셉을 불렀습니다. 그들이 그를 구덩이에서 달려오게했습니다. 그가 털밀었으며, 자기 겉옷들을 바꾸었으며, 바로에게 들어갔습니다. 바로가 요셉에게 말했습니다. "내가 꿈을 꿈꾸었는데, 그것을 해석하는 자가 없었다. 너는 꿈을 듣고, 그것을 해석한다는 말로, 내가 네게 대해 들었다." 요셉이 바로에게 대답하여 말했습니다. "나 외에, 하나님들이 바로의 평안을 대답하십니다."

392
41:17~24

바로가 요셉에게 얘기하였습니다. "내 꿈에, 보라! 큰강의 둔치 곁에 내가 서있었느니라! 오! 큰강에서 몸이 살지고 모습이 아름다운 일곱 암소가 올라와, 갈대밭에서 풀뜯어먹었다. 오! 그 후에 앙상하고 모습이 매우 악하며 몸이 조막만한 다른 일곱 암소가 올라오는데, 나는 애굽의 모든 땅에서 그것들 같은 흉악함을 보지 못하였다. 조막만하고 악한 암소들이 처음의 살진 일곱 암소들을 먹었다. 그것들이 그것들의 뱃속에 들어갔으나, 그것들이 그것들의 뱃속에 들어간 것이, 알게되지 못했으며, 그것들의 모양들 최초에 있는 것같이 악했다. 나는 깨어났다. 내가 나의 꿈에 보았는데, 오! 한 중심줄기에 충실하고 선한, 일곱 이삭이 올라오는데, 오! 동쪽편에 허약해진, 세미한, 마른, 일곱 이삭이 그 후에 자란다. 그 세미한 이삭들이 선한 일곱 이삭을 삼켰다. 내가 신접자들에게 말했지만, 내게 알게하는 자가 없었다."

393
41:25~36

요셉이 바로에게 말했습니다. "바로의 꿈은 하나입니다. 그것은 하나님들이 행하실 것을 바로에게 알게하신 것입니다. 선한 일곱 암소 그것들은 7년이며, 선한 일곱 이삭 그것들은 7년이니, 그것은 하나의 꿈입니다. 그 후에 올라온 조막만하고 악한 일곱 암소 그것들은 7년이며, 동쪽편에 비어있으며 마른 일곱 이삭은 7년 흉년입니다. 내가 바로에게 얘기한 이 얘기는, 하나님들이 행하시는 것을 바로에게 보게하신 것입니다. 오! 7년이 애굽의 모든 땅에 큰 풍년을 가져들고옵니다. 그 후에, 7년 흉년이 일어날 것이며, 애굽의 땅에 모든 풍년이 잊혀질 것입니다. 흉년이 이 땅을 끝장낼 것입니다. 그런 후에, 그 흉년 앞에서, 이 땅에 풍년이 알게되지 못하는데, 그것이 매우 엄청나기 때문입니다. 꿈이 바로에게 두번 바꿔재현됨에 대하여는, 하나님들과 함께 이 일이 예비되었고, 하나님들이 서둘러 그것을 행하시기 때문입니다. 지금, 바로께서는 깨달아진, 지혜로운 남자를 보셔서, 그에게 애굽의 땅을 맡아서 있게하십시오. 바로께서는 행하시는데, 감독들이 땅을 맡아 담당하게하셔서, 7년 풍년에 애굽의 땅에서 오일조 받을 것입니다. 그들은 오는 선한 해의 모든 양식을 모으며, 바로의 손아래 곡식을 저장합니다. 사람들이 성들에서 양식을 지킬 것입니다. 양식이 땅에 보전이 될 것이며, 애굽의 땅에 있을 7년 흉년에, 이 땅이 흉년으로 멸해지지 않습니다."

394
41:37~38

바로의 두눈에와 그의 모든 종들의 두눈에, 이 얘기가 선대받았습니다. 바로가 자기 종들에게 말했습니다. "하나님들의 존재가 그 안에 있는 이같은 남자를, 우리가 발견하겠는가?"

395
41:39~40

바로가 요셉에게 말했습니다. "하나님들이 네게 그 모든 것을 알게하셨으므로, 너와 같이 깨달아지고 지혜로운 자가 없다. 너는 내 집을 맡아서 있어라. 나의 모든 백성이 네 입에 입맞춘다. 오직 보좌만이 내가 너보다 크다."

396
41:41~44

바로가 요셉에게 말했습니다. "너는 보아라! 내가 애굽의 모든 땅을 네게 줄 것이다." 바로가 자기 손에 자기 고리를 빼냈으며, 요셉의 손에 그것을 두었고, 세마포의 의복을 그에게 입게하였으며, 그의 목에 금의 사슬을 달았습니다. 그는 자기에게 있는 두배 마차에 그를 타게하였습니다. 사람들이 그 앞에서, "엎드림!"이라고 외쳤으며, 그에게 애굽의 모든 땅을 맡도록 주었습니다. 바로가 요셉에게 말했습니다. "나는 바로다. 너 외에는, 애굽의 모든 땅에서 자기 손 그리고 자기 발을 높아지게할 남자가 없다."

397

41:45~46

바로가 요셉의 이름을 사브낫바네아라고 불렀으며, 그에게 온의 제사장 보디베라의 딸 아스낫을 여자로 주었습니다. 요셉이 애굽의 땅을 맡아 나갔습니다. 애굽의 왕 바로 앞에 선 요셉은 30년의 아들이었습니다. 요셉은 바로의 앞에서 나갔으며, 애굽의 모든 땅을 지나갔습니다.

398

41:47~49

7년 풍년의 해에 땅은 최대량을 만들었습니다. 그는 애굽의 땅에 있던 7년의 모든 양식을 모았습니다. 그는 성들에 양식을 두었는데, 성 사면에 있는 성의 들의 양식을 그 성의 가운데에 두었습니다. 요셉은 곡식을 바다의 모래같이 저장하였는데, 매우 많아져서, 마침내 세는 것을 그쳤는데, 무수하기 때문이었습니다.

399

41:50~52

흉년의 해로 들어가기 전에, 요셉에게 두 아들이 낳아졌는데, 온의 제사장 보디베라의 딸 아스낫이 그에게 낳은 것입니다. 요셉이 장자의 이름을 므낫세라고 불렀는데, "하나님들이 나의 모든 고생 그리고 나의 아버지의 집의 모든 것을 잊어버리게하셨다."는 것입니다. 그리고 그는 두번째의 이름을 에브라임이라고 불렀는데, "하나님들이 나의 학대의 땅에서 나를 다산하게 하셨다."는 것입니다.

400
👆
41:53~55

애굽의 땅에 있었던 풍년의 7년이 마쳤으며, 요셉이 말했던 것같이, 흉년의 7년이 오기 시작했습니다. 모든 땅들에 흉년이 있었으나, 애굽의 모든 땅에는 빵이 있었습니다. 애굽의 모든 땅이 굶주렸습니다. 백성이 빵으로, 바로에게 부르짖었습니다. 바로가 모든 애굽에게 말했습니다. "너희는 요셉에게 가라! 그가 너희에게 말하는 대로 행하라."

401
👆
41:56~57

모든 땅 표면에 흉년이 있었습니다. 요셉은 자신들에게 있는 모든 것을 열었습니다. 그가 애굽에서 상거래하였습니다. 애굽의 땅에 흉년이 지속되었습니다. 모든 땅이 요셉에게 구매하려고 애굽으로 들어왔는데, 모든 땅에 흉년이 지속되었기 때문입니다.

GENESIS

42장

402절~**414**절 [개역개정, KJV 42:1~42:38]

대신죄의 발견

42장

창세기

개역개정, KJV

402
42:1~2

야곱이 애굽에 알곡이 있는 것을 보았습니다. 야곱이 자기 아들들에게 말했습니다. "너희는 스스로 무엇을 보느냐?" 그가 말했습니다. "오! 애굽에 알곡이 있다는 것을 내가 들었으니, 너희는 그곳으로 내려가라! 너희는 그곳에서 우리를 위해 상거래하라! 우리가 살고 죽지 않는다."

403
42:3~5

10명의 요셉의 형제들이 애굽에서 곡식을 상거래하려고 내려갔습니다. 그리고 야곱은 요셉의 형제 베냐민을 그의 형제들과 보내지 않았는데, "그가 재해를 마주하지 않기 위함이다."라고 그가 말했기 때문입니다. 이스라엘의 아들들이, 상거래하려고 들어가는 자들 가운데 들어갔는데, 가나안의 땅에 흉년이 있었기 때문입니다.

404
42:6~7

요셉 그는 그 땅을 맡은 총리였으며, 그는 그 땅의 모든 백성에게 상거래하게하고 있었습니다. 요셉의 형제들이 들어왔으며, 땅으로 코대고 그에게 스스로 절하였습니다. 요셉이 자기 형제들을 보았으며, 그들을 알아보게하고 스스로 그들에게 알아보았으나, 그들에게 강박하게 얘기하였으며 그들에게 말했습니다. "너희가 어디서 들어왔느냐?" 그들이 말했습니다. "양식을 상거래하러, 가나안의 땅에서 들어왔습니다."

405
42:8~11

요셉은 자기 형제들을 알아보았으나, 그들은 그를 알아보지 못했습니다. 요셉이 그들을 꿈꾼 꿈들을 기억하였으며, 그들에게 말했습니다. "너희는 이 땅의 벌거벗음을 보려는 정탐하는 자들이며, 들어왔다." 그들이 그에게 말했습니다. "내 주인님! 아닙니다. 당신의 종들은 양식을 상거래하러 들어왔습니다. 우리 모두는 한 남자의 아들들입니다. 우리는 진실합니다. 우리, 당신의 종들은 정탐하는 자들이 아니었습니다."

406
42:12~16

그가 그들에게 말했습니다. "아니다! 너희는 이 땅의 벌거벗음을 보려고 들어온 것이다." 그들이 말했습니다. "당신의 종들은 12명의 형제들입니다. 우리는 가나안의 땅의 한 남자의 아들들입니다. 오! 작은 자는 우리 아버지와 있으며, 오늘 한 명은 없습니다." 요셉이 그들에게 말했습니다. "그것이 내가, '너희는 정탐하는 자들이다.'라는 말로 그들에게 얘기한 것이다. 너희가 이렇게 바로의 생명으로 시험되는데, 반드시 너희 작은 형제가 이곳으로 들어와야, 너희가 이곳에서 다만 나간다. 너희는 너희 중에 한 명을 보내라! 그가 너희 형제를 데려온다. 너희는 가두어져라! 너희 얘기들이 너희에게서 진리인지 시험된다. 만약 그렇지 않다면, 바로의 생명으로 너희는 정탐하는 자들이다."

407
☝
42:17~20

그가 그들을 감방에 3일을 모았습니다. 세번째 날에, 요셉이 그들에게 말했습니다. "너희는 이렇게 행하라! 너희는 존속하라! 나는 하나님들을 두려워하는데, 만약 너희가 진실하다면, 너희 형제 한 명이 너희 감방의 집에 가두어지고, 너희는 가라! 너희는 너희 집들의 굶주림으로 알곡을 가져들고가라! 그리고 너희 작은 형제를 나에게 오게하면, 너희 얘기들이 믿어지며, 너희가 죽지 않는다." 그들이 그대로 행하였습니다.

408
☝
42:21~22

그들이 각각 자기 형제에게 말했습니다. "실상은 우리가 우리 형제에 대하여 죄있는데, 그가 스스로 우리에게 은혜베풀라는 그의 영혼의 환난을 우리가 보았으나, 우리가 듣지 않았으며, 그렇게해서 이 환난이 우리에게 왔다." 르우벤이 그들에게 대답하여 말했습니다. "내가 너희에게 '너희는 이 자녀에게 범죄하면 안된다.'는 말로 말하지 않았느냐? 너희가 듣지 않았다. 다시, 오! 그의 피가 찾아지는 것이다."

409
☝
42:23~24

통역하는 자가 그들 사이에 있었기에, 그들은 요셉이 듣는 것을 알지 못했습니다. 그가 그들 곁으로 둘러갔으며, 울었으며, 그들에게 돌아왔으며, 그들에게 얘기했습니다. 그가 그들에게서 시므온을 데려왔으며, 그를 그들 두눈에서 가두었습니다.

410
☝
42:25~28

요셉이 명령하였으며, 곡식을 그들의 그릇들에 채웠으며, 그들 각각의 은들을 그 삼베보자기에 돌아가게하였으며, 그들에게 길 도시락을 주었습니다. 그가 그들에게 그대로 행하였습니다. 그들이 자기들의 알곡을 자기들의 수나귀들 위에 실었으며, 그곳에서 갔습니다. 한 명이 숙박지에서 자기 수나귀에게 보리를 주려고, 자기 삼베보자기를 풀었으며 보았습니다. 그러자 오! 그의 은! 그것이 자기 보자기의 입구에 있는 것입니다. 그가 자기 형제들에게 말했습니다. "나의 은이 돌아왔다! 오! 다시 나의 보자기에 있다!" 그들의 마음이 나갔으며, 그들은 각각 자기 형제에게 떨며 말했습니다. "왜 하나님들이 우리에게 이것을 행하셨는가?"

411
🖐
42:29~34

그들이 가나안 땅으로, 자기들의 아버지 야곱에게 왔으며, 자기들에게 임한 모든 것들을 그에게 말하기를, "그 땅의 주인인 남자가 우리에게 강퍅하게 얘기하였으며, 그가 우리를 그 땅의 정탐하는 자들로 두었습니다. 우리가 그에게, '우리는 진실하며, 정탐하는 자들이 아니었습니다. 우리는 12명의 형제들이며 우리 아버지의 아들들입니다. 한 명은 없으며, 작은 자는 오늘 우리 아버지와 가나안의 땅에 있습니다.'라고 말했습니다. 그 땅의 주인인 남자가 우리에게 말했습니다. '너희가 진실하다는 것을, 나는 이것으로 아는데, 너희는 너희 형제 한 명을 나와 머물게하라! 그리고 너희는 너희 집들의 굶주림으로 가져라! 너희는 가라! 너희는 너희의 작은 형제를 나에게 오게하라! 나는 너희가 정탐하는 자들이 아닌 것과, 너희가 진실하다는 것을 내가 알고자한다. 내가 너희 형제를 너희에게 준다. 그리고 너희는 이 땅에서 매매한다.'"라고 알게하였습니다.

412
42:35~36

그들이 자기들의 삼베보자기들을 쏟았는데, 오! 자기 삼베보자기에 각각 자기 은의 주머니가 있는 것입니다. 그들은 자기들의 은들의 주머니들을 보았습니다. 그들과 그들의 아버지가 두려워하였습니다. 그들의 아버지 야곱이 그들에게 말했습니다. "너희가 내게서 자식잃게했다. 요셉도 없으며, 시므온도 없으며, 그리고 너희가 베냐민도 데려간다. 그것들 모두가 나에게 일어났다."

413
42:37

르우벤이 자기 아버지에게, "만약 내가 당신에게 그를 오게하지 못한다면, 당신은 나의 두 아들을 죽게하십니다. 당신은 그를 내 손에 주십시오! 내가 그를 당신께 돌아오게합니다." 라는 말로 말했습니다.

414
42:38

그가 말했습니다. "내 아들은 너희와 함께 내려가지 못한다. 그의 형제는 죽었으며, 그만 따로 남겨진 것이기 때문이다. 너희가 가는 길에서 재해가 그를 맞이할 것이며, 너희는 내 흰머리를 슬픔 가운데 지옥으로 내려가게 할 것이다."

창세기

43장

415절~426절 [개역개정, KJV 43:1~43:34]

우리를 용서하시는 예수님의 은혜

43장

창세기

개역개정, KJV

415

43:1~2

흉년이 그 땅에 엄청났습니다. 그들이 애굽에서 가져들고온 알곡을 먹는 것을 마치게 되자, 그들의 아버지가 그들에게 말했습니다. "너희는 갔다와라! 너희는 우리를 위해 조금의 양식을 상거래하라!"

416

43:3~5

유다가 그에게 말했습니다. "그 남자가 우리에게 말하기를, '너희 형제가 너희와 있지 않으면, 너희가 내 얼굴을 보지 못한다.'라고 경고하고 경고하였습니다. 만약 당신이 우리 형제를 우리와 보내신다면, 우리가 내려가렵니다. 우리가 당신을 위해 양식을 상거래하렵니다. 만약 당신이 안 보내시면, 우리는 내려가지 못하는데, '너희 형제가 너희와 있지 않으면, 너희가 내 얼굴을 보지 못한다.'라고 그 남자가 말했기 때문입니다."

417

43:6

이스라엘이 말했습니다. "왜 너희는 그 남자에게, 너희에게 형제도 있다고 알게하여, 나에게 악행하느냐?"

418
👆
43:7

그들이 말했습니다. "그 남자가, '너희 아버지도 살아계시냐? 너희에게 형제가 있느냐?'라는 말로, 우리와 우리의 친척을 묻고 물었습니다. 우리가 입에 따른 이 얘기들을 그에게 알게 하였습니다. '너희는 너희 형제를 내려오게하라!'라고, 그가 말할 것을 우리가 알기나 알겠습니까?"

419
👆
43:8~10

유다가 자기 아버지 이스라엘에게 말했습니다. "이 소년을 저와 보내십시오! 우리는 일어나렵니다. 우리는 가렵니다. 우리가 살고, 우리도 당신도 우리 아이들도 죽지 않습니다. 내가 그를 보증하니, 만약 내가 그를 당신께 오게하지 못하고, 내가 그를 당신 앞에 세우게하지 못하여, 내가 평생 당신께 범죄한다면, 당신이 내 손에서 그를 찾으십시오. 우리가 스스로 지체하지 않았다면, 우리가 지금 이번에 두번은 갔다왔을 것입니다."

420
👆
43:11~14

그들의 아버지 이스라엘이 그들에게 말했습니다. "만약 그렇다면, 아아! 너희는 이렇게 행하라! 너희는 이 땅의 특산물을 너희 그릇들에 가져가라! 그 남자에게 내려가라! 소제물로 조금의 유향과 조금의 꿀, 향신료와 몰약, 피스타치오들과 아몬드들과 두배 은을 너희 손에 가져가라! 그리고 그 은을 너희 보자기들의 입구로 돌아가게하고 갔다온다. 혹시 그것이 너희 손에 과실이 아니었겠느냐? 그리고 너희는 네 형제를 데려가라! 너희는 일어나라! 너희는 그 남자에게 갔다와라! 전능자 하나님께서 그 남자 앞에서 너희에게 긍휼을 주셔서, 그가 너희에게 다른 너희 형제 그리고 베냐민을 보낼 것이다.

내가 자식잃으면 자식잃을 것이다."

421
43:15

그 사람들이 그 소제물을 가져갔으며, 자기들의 손에 두배 은 그리고 베냐민을 가져갔습니다. 그들은 일어났으며, 애굽에 내려갔으며, 요셉의 앞에 섰습니다.

422
43:16~17

요셉은 그들과 있는 베냐민을 보았으며, 자기 집을 맡은 자에 게 말했습니다. "너는 그 사람들을 집으로 들어오게하라! 너 는 도축물을 도축하라! 그 사람들이 정오에 나와 먹으니, 너 는 예비하라!" 그 남자는 요셉이 말한 대로 행하였습니다. 그 남자는 그 사람들을 요셉 집으로 들어오게하였습니다.

423
43:18~22

그 사람들은 자기들이 요셉의 집으로 들어온 것을 두려워하 였으며 말했습니다. "최초에 우리 보자기들에 돌아온 은의 일 로 인하여, 우리가 들어와진 것인데, 우리를 스스로 옮기고, 우리를 스스로 떨어뜨리고, 우리 그리고 우리의 수나귀들을 종들로 데려온 것이다." 그들이 요셉의 집을 맡은 남자에게 다가갔으며, 그 집의 출입문에서 그에게 얘기하였으며 말했 습니다. "들으소서! 나의 주인님! 우리는 최초에 양식을 상거 래하러 내려오고 내려왔습니다. 우리가 숙박지에 오게 되었 고, 우리의 보자기들을 풀려했는데, 오! 각각의 은이 자기 보 자기 입구에 있어서, 우리의 은을 중량대로 우리 손으로 그것 을 돌아오게하였습니다. 우리는 양식을 상거래하려고 다른 은도 우리 손에 내려오게하였습니다. 우리는 누가 우리의 은 을 우리 보자기들에 넣었는지 알지 못합니다."

424

43:23

그가 말했습니다. "너희에게 평안! 너희는 두려워하면 안된다. 너희 하나님들, 너희 아버지의 하나님들이 너희 보자기들에 보화를 너희에게 주셨다. 너희 은은 내게 들어왔다." 그는 시므온을 그들에게 나가게하였습니다.

425

43:24~25

그는 그 사람들을 각각 요셉의 집으로 들어오게하였으며, 물을 주었습니다. 그들은 자기들의 발들을 씻었습니다. 그는 그들의 수나귀들에게 보리를 주었습니다. 그들은 요셉이 정오에 들어오기까지 소제물을 예비하였는데, 자기들이 그곳에서 빵을 먹는다고 들었기 때문입니다.

426

43:26~34

요셉이 집으로 들어왔습니다. 그들이 자기들의 손에 있는 소제물을 집으로 그에게 가져들고왔으며, 그에게 땅으로 스스로 절하였습니다. 그가 그들에게 평안을 물었으며 말했습니다. "너희가 말한 노년의 너희 아버지는 평안하시냐? 그분이 아직 살아계시냐?" 그들이 말했습니다. "당신의 종인 우리 아버지는 평안하시고 아직 살아계십니다." 그들은 이마땅에 대었으며 스스로 절하였습니다. 그가 그의 두눈을 들었으며, 자기 어머니의 아들, 자기의 형제 베냐민을 보았으며 말했습니다. "너희가 나에게 말하던 너희 작은 형제가 이자냐?" 그가 말했습니다. "내 아들아! 하나님들이 네게 은혜베푸신다." 요셉은 자기 형제에게 자기 긍휼이 불붙었기에, 서둘렀으며, 울려고 찾았으며, 방으로 들어갔으며, 그곳에서 울었습니다. 그가 자기 얼굴을 씻고, 나왔으며, 스스로 절제하였으며 말했습니다. "너희는 빵을 놓아라!" 그들이 그에게 따로, 그들에

전무후무한 성경 · 43장

게 따로, 그와 먹는 애굽족속들에게 따로 놓았는데, 애굽족속들은 히브리족속들과 빵을 먹을 수 없었기 때문인데, 그것은 애굽에게 혐오스러움이기 때문입니다. 그들이 장자는 장자 자리에 작은 자는 작은자자리에 그 앞에 앉았습니다. 그 사람들은 각각 자기 옆사람에게 놀랐습니다. 그가 자기 앞에 있는 올려진 것들을 그들에게 들어올렸습니다. 베냐민에게 올려진 것은 그들 모두에게 올려진 것의 다섯 배가 많아졌습니다. 그들이 그와 함께 마셨으며 취하였습니다.

창세기

44장

427절~435절 [개역개정, KJV 44:1~44:34]

하나님 사랑의 십자가

44장

창세기

개역개정, KJV

427
44:1~2

그가 자기 집을 맡은 자에게 명령하여 말했습니다. "너는 들어올릴 수 있는 양식을 그 사람들의 보자기들에 채워라! 너는 각각의 은을 그의 보자기의 입구에 넣어라! 그리고 내 잔 곧 은의 잔 그리고 그의 알곡의 은을 작은 자의 보자기의 입구에 넣는다." 그가 요셉의 얘기 곧 그가 얘기한 대로 행하였습니다.

428
44:3~5

아침이 비췄습니다. 그들과 그들의 수나귀들이 사람들에게서 보내어졌습니다. 그들이 그 성에서 나갔으며, 멀어지지 않았는데, 요셉이 자기 집을 맡은 자에게 말했습니다. "너는 일어나라! 너는 그 사람들의 뒤를 추격하라! 네가 그들에게 도달할 것이며 그들에게 말할 것이다. '왜 너희가 선한 것을 대신하여 악한 것으로 보응했느냐? 이것은 나의 주인이 그것으로 마시고, 그분이 그것으로 계시받고 계시받는 것이 아니냐? 너희가 행하는데 있어서 악행하였다.'"

429

44:6~9

그가 그들에게 도달하였으며, 이 얘기들을 그들에게 얘기했습니다. 그들이 그에게 말했습니다. "나의 주인님! 왜 그분이 이 얘기들을 얘기하십니까? 당신의 종들에게는 이 얘기대로 행하는 것이 불가합니다. 보십시오! 우리 보자기들의 입구에서 우리가 발견한 은을 가나안의 땅에서 당신께 가져다주었는데, 어떻게 우리가 당신 주인의 집에서 은이나 금을 도둑질합니까? 당신의 종들 중에 발견되는 자, 그는 죽을 것입니다. 우리도 나의 주인님에게 종들이 됩니다."

430

44:10

그가 말했습니다. "또한 지금, 너희 얘기들 그대로, 발견되는 자, 그는 우리에게 종이 되지만, 너희는 무죄하게 된다."

431

44:11~13

그들은 서둘렀는데, 각각 자기 보자기를 땅으로 내려가게하였으며, 각각 자기 보자기를 열었습니다. 그가 뒤져보았습니다. 큰 자부터 시작하였으며, 작은 자에게서 마쳤는데, 그 잔이 베냐민의 보자기에서 발견되었습니다. 그들이 자기들의 겉옷들을 찢었으며, 각각 자기 수나귀 위에 짐실었으며, 성으로 돌아왔습니다.

432

44:14~15

유다와 그의 형제들이 요셉의 집으로 들어왔는데, 그는 아직 그곳에 있었습니다. 그들이 땅으로 그 앞에 엎드렸습니다. 요셉이 그들에게 말했습니다. "너희가 행한 이 행위는 무엇때문이냐? 너희는 나와 같은 남자가 계시받고 계시받는 것을 알지 못하느냐?"

433
👆
44:16

유다가 말했습니다. "우리가 나의 주인께 무엇을 말합니까? 우리가 무엇을 얘기합니까? 하나님들이 자기 종들의 죄벌을 발견하셨으니, 우리가 어떻게 스스로 의롭겠습니까? 보십시오! 우리도, 손에서 잔이 발견된 자도, 나의 주인의 종들입니다."

434
👆
44:17

그가 말했습니다. "이렇게 행하는 것은 내게 불가하다. 그 손에서 잔이 발견된 남자, 그가 내게 종이 된다. 너희는 평안히 너희 아버지에게 올라가라!"

435
👆
44:18~34

유다가 그에게 다가갔으며 말했습니다. "들으소서! 나의 주인님! 바라건대, 나의 주인의 두귀에 당신의 종이 얘기를 얘기합니다. 당신은 바로와 같으시니, 당신은 당신의 종에게 당신의 진노로 분노하면 안됩니다. 나의 주인께서 종들에게, '너희에게 아버지나 형제가 있느냐?'라고 말하며 물으셨습니다. 우리는 나의 주인에게 말하기를, '우리에게 노년의 아버지와 노년기의 작은 자녀가 있는데, 그의 형제는 죽었으며 그의 어머니에게 그만 따로 남겨졌기에, 그의 아버지가 그를 사랑합니다.'라고 했습니다. 당신이 당신의 종들에게 말씀하시기를, '너희는 그를 내게 내려오게하라! 내가 그에게 내 눈을 두겠다.'라고 하셨습니다. 우리가 나의 주인에게 말하기를, '그 소년은 자기 아버지를 떠날 수 없습니다. 그가 자기 아버지를 떠날 것이면, 그는 죽을 것입니다.'라고 했습니다. 당신이 당신의 종들에게 말씀하시기를, '만약 너희 작은 형제가 너희와 내려오지 않으면, 너희는 내 얼굴을 보는 것을 거듭하지 못한다.'라고 하셨습니다. 우리가 당신의 종인 나의 아버지에게 올라가게 되었으며, 우리가 그에게 나의 주인의 얘기들을 알게하였습니다. 우리 아버지가 말씀하시기를, '너희는 갔다와라! 너희는 우리를 위해 조금의 양식을 상거래하라!'라고 하셨습니다. 우리가 말하기를, '우리는 내려갈 수 없습니다. 만약 우리의 작은 형제가 우리와 있다면, 우리가 내려갈 것입니다. 우리의 작은 형제가 우리와 없으면, 그 남자의 얼굴을 볼 수 없기 때문입니다.'라고 했습니다. 당신의 종인 우리 아버지가 우리에게 말씀하시기를, '너희가 아는데, 나의 여자가 내게 둘을 낳았다. 하나는 내게서 나갔으며, "그는 정말 물어뜯어 물어뜯겼다."라고 내가 말했으며, 아직까지 내가 그를 보지 못하였다. 너희가 이자도 내 앞에서 함께 데려가, 재해가 임할 것이면, 너희는 나의 흰머리를 악 가운데 지옥으로 내려가게 할 것이다.'라고 하셨습니다. 지금 내가 당신의 종인 나의 아버지에게 들어가는데, 그 소년이 우리와 없으면, 그의 목숨이 그의 목숨과 매어져있기에, 그는 그 소년 없는 것을 보고, 죽을 것이며, 당신의 종들이 당신의 종인 우리 아버지의 흰머리를 슬픔 가운데, 지옥으로 내려가게할 것입니다. 왜냐하면 당신의 종이 나의 아버지와 함께 말하기를, '만약 내가 그를 당신에게 오게하지 못하면, 나는 평생 나의 아버지에게 범죄한 것입니다.'라고 그 소년을 보증하였기 때문입니다. 지금 바라건대, 당신의 종이 그 소년을 대신하여 나의 주인의 종으로 거하고, 그 소년은 자기 형제들과 함께 올라가게하십시오! 어떻게 내가 소년 없이, 내 아버지에게 올라갑니까? 나는 악 가운데 발견되는 나의 아버지를 보지 않기 위함입니다."

전무후무한 성경 • 44장

• 전무후무한 성경 •

GENESIS

• 세계 최초 1:1 대응 번역 •

45장

436절~**442**절 [개역개정, KJV 45:1~45:28]

임종 시 천국 마차

45장

창세기

개역개정, KJV

436

45:1~2

요셉이 스스로 절제할 수 없어서 자기 곁에 서져있는 모든 자들에게 외쳤습니다. "모든 남자는 내 곁에서 나가라!" 한 남자도 요셉과 머물러있지 않았으며, 그가 자기 형제들에게 스스로 알게하였습니다. 그는 울음으로 자기 소리를 내었으며, 애굽이 들었으며 바로의 집이 들었습니다.

437

45:3~13

요셉이 자기 형제들에게 말했습니다. "나는 요셉입니다. 내 아버지께서는 그대로 살아계십니까?" 그의 형제들이 그에게 대답할 수 없었는데, 그들이 그 앞에서 경악되었기 때문입니다. 요셉이 자기 형제들에게 말했습니다. "바라건대, 당신들은 나에게 다가오세요!" 그들이 다가갔으며, 그가 말했습니다. "나는 당신들이 애굽으로 판, 당신들의 형제 요셉입니다. 지금 당신들은 슬퍼지면 안됩니다. 당신들이 나를 이곳으로 판 것에, 당신들의 두눈에 분노하면 안됩니다. 하나님들이 당신들보다 앞서 나를 살아있는 채로 보내셨기 때문이며, 이 2년은 땅의 중심에 흉년이고, 아직 기경과 추수가 없는 5년이 있기 때문입니다. 이 땅에 남은 자로 당신들을 두시려고 또한 큰 도망으로 당신들을 살게하시려고, 하나님들이 당신들보다 앞서 나를 보내셨습니다. 지금 당신들이 나를 이곳으로 보낸 것이 아니며, 하나님들입니다. 모든 애굽의 땅을 다스리도록, 아버지인 바로가 나를 그의 모든 집의 주인으로 두셨습니다. 당신들은 서두르십시오! 그리고 나의 아버지에게 올라가십시오! 당신들은 그에게 이와같이 말할 것입니다. '당신의 아들 요셉이 말하기를, "하나님들이 모든 애굽 주인으로 나를 두었습니다. 당신은 머물러있으면 안되며, 내게 내려오십시오! 당신은 고센의 땅에 거할 것입니다. 당신과 당신의 아들들과 당신의 아들들의 아들들과 당신에게 있는 당신의 양염소떼와 당신의 소떼와 모든 것이 나에게 가깝게 있을 것입니다. 아직 5년 흉년이 있으니, 제가 그곳에서 당신을 봉양할 것인데, 당신과 당신에게 있는 당신의 집과 모든 것이 점령되지 않기 위함입니다."라고 했습니다.' 오! 나의 입이 당신들에게 얘기하는 것을, 당신들의 두눈과 내 형제 베냐민의 두눈이 봅니다. 당신들은 애굽에서의 나의 모든 영광 그리고 당신들이 본 모든 것을 내 아버지에게 알게할 것입니다. 당신들은 서두를 것이며, 내 아버지가 이곳으로 내려오시게 할 것입니다."

438
🖐
45:14~15

그가 자기 형제 베냐민의 목에 떨구었으며 울었습니다. 베냐민도 그의 목에서 울었습니다. 그가 자기의 모든 형제들과 입 맞추었으며, 그들을 대고 울었습니다. 그런 후에, 그의 형제들이 그와 얘기하였습니다.

439
45:16

요셉의 형제들이 들어왔다는 말로, 바로의 집에 소문이 들렸습니다. 바로의 두눈과 그의 종들의 두눈이 선대하였습니다.

440
45:17~20

바로가 요셉에게 말했습니다. "네 형제들에게 말하기를, '너희는 이렇게 행하라! 너희는 너희 짐승에 실어라! 너희는 가라! 너희는 가나안 땅으로 들어가라! 너희는 너희 아버지 그리고 너희 집들을 데려와라! 나에게 와라! 내가 너희에게 애굽의 땅의 선한 것을 주려한다. 너희는 이 땅의 기름을 먹어라!'라고 하라! 네가 명령받은 것은, '너희는 이렇게 행하라! 너희는 애굽의 땅에서 수레들을 가져가라! 너희는 너희의 식구와 너희 여자들과 너희 아버지를 태울 것이며 올 것이다. 너희는 너희 눈에 너희 도구들을 아끼면 안된다. 애굽의 모든 땅의 선한 것, 그것은 너희의 것이기 때문이다.'이다."

441
45:21~25

이스라엘의 아들들이 그대로 행하였습니다. 요셉이 바로의 입을 인하여 그들에게 수레들을 주었습니다. 그는 그들에게 길에서의 도시락을 주었습니다. 그가 각각 그들 모두에게 여벌의 겉옷들을 주었습니다. 베냐민에게는 은 300개와 5여벌의 겉옷들을 주었습니다. 그가 그의 아버지에게는 이렇게 보냈는데, 10마리 수나귀들에 애굽의 선한 것을 실었으며, 10마리 암나귀들에 곡식과 빵과, 길에서 자기 아버지에게의 육포를 실었습니다. 그가 그의 형제들을 보내었습니다. 그들이 갔습니다. 그가 그들에게 말하기를, "당신들은 길에서 떨면 안됩니다."라고 했습니다. 그들이 애굽에서 올라갔으며, 가나안의 땅에 자기들의 아버지 야곱에게 왔습니다.

그들이 그에게 알게하여 말하기를, "요셉이 그대로 살아있는데, 그가 애굽의 모든 땅을 다스리는 것입니다."라고 했습니다. 그가 그들을 믿지 않았기에 그의 마음이 넋나갔습니다. 요셉이 자기들에게 얘기한 모든 얘기들을, 그들이 그에게 얘기했습니다. 그는 자기를 태우려고 요셉이 보낸 수레들을 보았습니다. 그들의 아버지 야곱의 존재가 살아났습니다. 이스라엘이 말했습니다. "내 아들 요셉이 그대로 살아있으니 풍성하다. 내가 가려한다. 내가 죽기 전에 그를 본다."

GENESIS

창세기

46장

443절~453절 [개역개정, KJV 46:1~46:34]

크리스천 직업 = 복음 전파

46장

창세기

👆 개역개정, KJV

443
👆
46:1

이스라엘과 그에게 있는 모든 것이 이동하였습니다. 그는 브엘-세바로 왔으며, 자기 아버지 이삭의 하나님들께 제물들을 제물드렸습니다.

444
👆
46:2~4

하나님들이 밤의 환상으로 이스라엘에게 말씀하셨습니다. 그분이 말씀하셨습니다. "야곱아! 야곱아!" 그가 말했습니다. "제가 여기 있습니다!" 그분이 말씀하셨습니다. "나는 하나님, 너의 아버지의 하나님들이다. 너는 애굽으로 내려가는 것을 두려워하면 안된다. 내가 그곳에서 너를 큰 민족으로 정한 것이다. 내가 너와 함께 애굽으로 내려가고, 내가 너를 다시 올라오고 올라오게한다. 요셉이 네 두눈에 그의 손을 댄다."

445
👆
46:5~7

야곱이 브엘-세바에서 일어납니다. 이스라엘의 아들들이 자기들의 아버지 야곱 그리고 자기들의 식구 그리고 자기들의 여자들을, 바로가 태우라고 보낸 수레들에 태웠습니다. 그들은 자기들의 가축들 그리고 가나안의 땅에서 모은 자기들의 재산을 가져갔습니다. 야곱과 함께 그의 모든 자손이 애굽으로 들어왔습니다. 그와함께 그의 아들들과 그의 아들들의 아들들과 그의 딸들과 그의 아들들의 딸들 곧 그의 모든 자손이 그와 애굽으로 들어왔습니다.

446
46:8~15

다음은 애굽으로 들어오는 이스라엘의 아들들의 이름들입니다. 야곱과 그의 아들들로서, 야곱의 장자는 르우벤이며, 르우벤의 아들들은 하녹과 발루와 헤스론과 갈미이며, 시므온의 아들들은 여무엘과 야민과 오핫과 야긴과 소할과 가나안 족속여자의 아들 사울이며, 레위의 아들들은 게르손, 그핫과 므라리이며, 유다의 아들들은 엘과 오난과 셀라와 베레스와 세라이며, 엘과 오난은 가나안의 땅에서 죽었습니다. 베레스의 아들들은 헤스론과 하물이며, 잇사갈의 아들들은 돌라와 부와와 욥과 시므론이며, 스불론의 아들들은 세렛과 엘론과 얄르엘입니다. 이들은 밧단-아람에서 야곱에게 낳은 레아의 아들들입니다. 그리고 그의 딸은 디나이며, 모든 그의 아들들과 그의 딸들의 영혼은 33명입니다.

447
46:16~18

갓의 아들들은 시본과 학기, 수니와 에스본, 에리와 아로디와 아렐리이며, 아셀의 아들들은 임나와 이스와와 이스위와 브리아와 그들의 누이 세라이며, 브리아의 아들들은 헤벨과 말기엘입니다. 이들은 라반이 자기 딸 레아에게 준 실바의 아들들입니다. 그녀가 이들을 야곱에게 낳았는데 16영혼입니다.

448
👆
46:19~22

야곱의 여자인 라헬의 아들들은 요셉과 베냐민입니다. 애굽의 땅에서 요셉에게 낳아졌는데, 온의 제사장 보디베라의 딸 아스낫이 그에게 낳은 자들로서, 므낫세 그리고 에브라임입니다. 베냐민의 아들들은 벨라와 베겔과 아스벨, 게라와 나아만, 에히와 로스, 뭅빔과 훕빔과 아룻입니다. 이들은 야곱에게 낳아진 라헬의 아들들이며, 모든 영혼은 14명입니다.

449
👆
46:23~25

단의 아들들은 후심입니다. 납달리의 아들들은 야스엘과 구니와 예셀과 실렘입니다. 이들은 라반이 자기 딸 라헬에게 준 빌하의 아들들입니다. 그녀가 야곱에게 이들을 낳았는데, 모든 영혼이 7명입니다.

450
👆
46:26~27

야곱과 애굽으로 오는 모든 영혼은, 그의 궁둥이에서 나온 자들로, 야곱의 아들들의 여자들을 제외하고 모든 영혼이 66명입니다. 애굽에서 요셉에게 낳아진 그의 아들들은 2영혼이며, 애굽으로 오는 야곱의 집의 모든 영혼은 70명입니다.

451
👆
46:28

그리고 그가 자기보다 앞서 고센으로 지시하게하도록, 유다를 요셉에게 자기 앞에 보냈습니다. 그들은 고센 땅으로 들어왔습니다.

452
👆
46:29~30

요셉이 자기 마차를 장착시켰으며, 자기 아버지 이스라엘을 맞이하러, 고센으로 올라갔습니다. 그가 그에게 보였으며, 그의 목에 떨구었으며, 그대로 그의 목에서 울었습니다. 이스라엘이 요셉에게 말했습니다. "내가 네 얼굴을 본 후이니, 이번

에는 내가 죽으려한다. 왜냐하면 네가 그대로 살아있기 때문
이다."

453
🖐
46:31~34

요셉이 자기 형제들에게와 자기 아버지의 집에게 말했습니
다. "내가 올라가서 바로에게 말하려하는데, '가나안의 땅에
있던 내 형제들과 또한 내 아버지와 집이 나에게 왔습니다.
그 사람들은 양염소떼를 사육하는 자들인데, 그들은 가축의
사람들이었기에, 자기들의 양염소떼와 자기들의 소떼와 자기
들에게 있는 모든 것을 들어오게한 것입니다.'라고 그에게 알
게하려합니다. 바로가 당신들을 불러서, '너희의 하는 일이
무엇이냐?'라고 말하게 될 경우, 당신들은 말하기를, '당신의
종들 곧 우리도 우리 아버지들도 유아기부터 지금까지 가축
의 사람들이었습니다.'라고 할 것인데, 당신들이 고센의 땅에
거하기 위함이며, 양염소떼를 사육하는 모든 자들은, 애굽의
혐오스러움이기 때문입니다."

47장

454절~**466**절 [개역개정, KJV 47:1~47:31]

하나님의 백성 = 십일조
마귀 백성 = 십이조

47장
창세기

개역개정, KJV

454

47:1~2

요셉이 바로에게 들어가서 알게하여 말했습니다. "나의 아버지와 나의 형제들과 그들의 양염소떼와 그들의 소떼와 그들에게 있는 모든 것이 가나안의 땅에서 왔으며, 그들이 고센의 땅에 있나이다." 그는 자기 형제들 중 다섯 사람을 데려왔으며, 바로 앞에 그들을 세우게하였습니다.

455

47:3~6

바로가 그의 형제들에게 말했습니다. "너희의 하는 일이 무엇이냐?" 그들이 바로에게 말했습니다. "당신의 종들인 우리도 우리 아버지들도, 양염소떼를 사육하는 자입니다." 그들이 바로에게 말했습니다. "가나안의 땅에 흉년이 엄청났기에, 당신의 남종들에게 있는 양염소떼에 초지가 없어서, 이 땅에 체류하러 들어왔습니다. 지금, 바라건대, 당신의 남종들이 고센의 땅에 거하게해주십시오." 바로가 요셉에게 말하기를, "네 아버지와 네 형제들이 네게 왔으며, 애굽의 땅 그것이 네 앞에 있으니, 너는 가장좋은 땅에 네 아버지 그리고 네 형제들을 거하게하라! 그들이 고센의 땅에 거하는데, 만약 그들에게 능

력의 사람들이 있는 것을 네가 알면, 나에게 있는 것을 맡는 가축의 장관들로 너는 그들을 정할 것이다."라고 말했습니다.

456
47:7~9

요셉이 자기 아버지 야곱을 오게하였으며, 바로의 앞에 그를 서게하였습니다. 야곱이 바로를 축복하였습니다. 바로가 야곱에게 말했습니다. "너의 생명의 연수들의 기간이 얼마냐?" 야곱이 바로에게 말했습니다. "나의 체류의 연수들의 기간은 130년으로 조금이며, 나의 생명의 연수들의 기간은 악했으며, 나의 아버지들의 체류의 기간인, 생명의 연수들의 기간에는 도달하지 못했습니다."

457
47:10~12

야곱이 바로를 축복하였습니다. 그는 바로 앞에서 나왔습니다. 바로가 명령한 대로, 요셉이 자기 아버지 그리고 자기 형제들을 거하게하였으며, 그들에게 애굽의 땅 중에 가장좋은 땅 라암세스의 땅을 소유로 주었습니다. 요셉이 자기 아버지 그리고 자기 형제들 그리고 자기 아버지의 모든 집을 식구의 입대로 빵으로 봉양하였습니다.

458
47:13~14

흉년이 매우 엄청났기에, 모든 땅에 빵이 없었고, 흉년 앞에서 애굽의 땅과 가나안의 땅이 타들어갔습니다. 요셉이 애굽의 땅과 가나안의 땅에서, 그들이 상거래한 알곡으로 얻어진 모든 은을 모았습니다. 요셉은 그 은을 바로의 집으로 가져들어오게하였습니다.

459
☝
47:15~16

애굽의 땅과 가나안의 땅에 은이 이동전멸되었습니다. 모든 애굽이 요셉에게 와서 말했습니다. "당신은 우리에게 빵을 내어주십시오! 은이 소진되었으니, 우리가 왜 당신을 마주하고 죽습니까?" 요셉이 말했습니다. "만약 은이 소진되었다면, 너희의 가축들을 내어주어라! 내가 너희에게 너희 가축들에 대해 주려한다."

460
☝
47:17~19

그들이 요셉에게 자기들의 가축들을 가져들어오게 하였습니다. 요셉이 말들과 양염소떼의 가축과 소의 가축과 수나귀들로 그들에게 빵을 주었습니다. 그 해에, 그는 그들의 모든 가축에 대한 빵으로 그들을 인도하였습니다. 그 해가 이동전멸되었습니다. 두번째 해에 그들이 그에게 왔으며 그에게 말했습니다. "우리는 나의 주인께 감추지 않는데, 은과 짐승의 가축이 나의 주인에게 이동전멸되어, 다만 우리 몸과 우리 토지 외에는 나의 주인 앞에 남겨지지 않았습니다. 우리도 우리 토지도 당신 두눈에 있으니, 우리가 어떻게 죽겠습니까? 당신은 우리 그리고 우리 토지를 빵으로 사십시오! 우리와 우리 토지는 바로의 종들이 됩니다. 당신이 씨를 주십시오! 우리가 살고 죽지 않으며, 토지는 황무하지 않습니다."

461
☝
47:20~21

요셉이 애굽의 모든 토지를 바로에게 소유하였습니다. 애굽은 각각 자기 들을 팔았으며, 흉년이 자기들에게 지속되었기 때문입니다. 그 땅이 바로의 것이 되었습니다. 그리고 그는 애굽의 지경의 가장자리에서 그 가장자리까지의 성들에 백성이 자기를 지나가게 했습니다.

462
☞
47:22

단지 그는 제사장들의 토지는 소유하지 않았는데, 제사장들은 바로에게서 규례에따른양식을 먹었기 때문입니다. 그들의 규례에따른양식은 바로가 그들에게 준 것입니다. 그렇게해서, 그들은 자기들의 토지를 팔지 않았습니다.

463
☞
47:23~25

요셉이 백성에게 말했습니다. "봐라! 내가 오늘 너희 그리고 너희 토지를 바로에게 소유하였다. 여기있다! 너희는 너희를 위해 그 토지에 씨를 씨뿌릴 것이다! 소출들이 있을 것이며, 너희는 바로에게 다섯번째를 줄 것이며, 4부분은 너희에게 들의 씨와 너희 집들 및 너희 식구가 먹을, 너희 양식이 된다." 그들이 말했습니다. "당신이 우리를 살게했습니다. 우리가 나의 주인의 두눈에 은혜를 얻으니, 우리가 바로의 종들이 될 것입니다."

464
☞
47:26

요셉이 애굽의 토지에 대해 '1/5을 바로에게'라고 오늘날까지의 규례로 정하였습니다. 단지 제사장들의 토지만 바로의 것으로 되지 않았습니다.

465
☞
47:27~28

이스라엘이 애굽의 땅 고센의 땅에 거하였습니다. 그들이 그곳에 붙잡혔습니다. 그들은 다산하였으며 매우 많아졌습니다. 야곱이 애굽의 땅에 17년을 살았습니다. 야곱의 생명있는 연수들의 기간은 7년 140년이었습니다.

466
☞
47:29~31

이스라엘의 죽을 기간이 가까워졌습니다. 그가 자기 아들 요셉을 불렀으며, 그에게 말했습니다. "바라건대, 만약 내가 네 두눈에 은혜를 얻었다면, 바라건대, 너는 네 손을 내 궁둥이 아래 넣어라! 너는 나와함께 인자와 진리를 행할 것이며, 바라건대, 애굽에 나를 장사하면 안된다. 내가 나의 아버지들과 함께 누울 것인데, 너는 나를 애굽에서 들 것이며, 그들의 무덤에 나를 장사할 것이다." 그가 말했습니다. "제가 당신의 얘기를 행합니다." 그가 말했습니다. "너는 내게 맹세되어져라!" 그가 그에게 맹세되어졌습니다. 이스라엘이 침상의 머리에서 스스로 절하였습니다.

48장

467절~**475**절 [개역개정, KJV 48:1~48:22]

많은 자들을 천국으로
인도하는 자가 큰 자입니다

48장

창세기

개역개정, KJV

467

48:1~2

이 일들 후에, 누가 요셉에게 말했습니다. "오! 당신의 아버지가 병든 것입니다." 그가 자기와 함께 자기 두 아들, 므낫세 그리고 에브라임을 데려갔습니다. 누가 야곱에게 알게하였으며 말했습니다. "오! 당신의 아들 요셉이 당신에게 왔습니다." 이스라엘이 스스로 붙들었으며, 침상에 앉았습니다.

468

48:3~7

야곱이 요셉에게 말했습니다. "전능자 하나님께서 가나안의 땅 루스에서 나에게 보이셨다. 그분이 나를 축복하셨으며, 내게 말씀하시기를, '자! 내가 너를 다산하게하며, 너를 많아지게 할 것이다. 내가 네게 백성들의 총회를 줄 것이다. 내가 이 땅을 네 후의 네 자손에게 영원한 소유로 줄 것이다.'라고 하셨다. 지금 내가 애굽으로 네게 오기까지, 애굽의 땅에서 네게 낳아진 너의 두 아들, 에브라임과 므낫세, 그들은 나의 것이다. 그들은 르우벤과 시므온처럼 내 것이 된다. 네가 그들 뒤에 낳을 네 친척은 네 것이 되며, 그들은 그들의 형제들의 이름으로 그들의 기업이 불려진다. 내가 밧단에서 오는데, 라헬이 가나안의 땅 길에서 내곁에서 죽었으며, 다시 에브랏으로 오는 땅의 근거리, 그곳 에브랏 곧 베들-레헴의 길에서 내가 그녀를 장사하였다."

469
48:8~9

이스라엘이 요셉의 아들들을 보았으며 말했습니다. "이들은 누구냐?" 요셉이 자기 아버지에게 말했습니다. "그들은 하나님들이 이곳에서 내게 주신 나의 아들들입니다." 그가 말했습니다. "바라건대, 너는 그들을 나에게 데려와라! 내가 그들을 축복한다."

470
48:10~11

이스라엘의 두눈이 늙음으로 무거워졌으며, 볼 수 없습니다. 그가 그들을 그에게 다가가게하였습니다. 그가 그들에게 입맞추었으며, 그들을 안았습니다. 이스라엘이 요셉에게 말했습니다. "네 얼굴을 볼 것을 내가 기도하지 못했다. 오! 하나님들이 내게 네 자손까지 보게하셨다."

471
48:12~14

요셉이 그의 무릎에 함께있는 그들을 나오게하였으며, 땅으로 자기 코대고 스스로 절하였습니다. 요셉은 그들 둘을 데려갔으며, 이스라엘의 왼쪽 곧 그의 오른쪽으로 에브라임을, 이스라엘의 오른쪽 곧 그의 왼쪽으로 므낫세를 그에게 다가가게하였습니다. 이스라엘은 그의 오른쪽손을 내밀어서 에브라임 곧 작은 자의 머리에 그리고 그의 왼쪽손을 내밀어서 므낫세의 머리에 대었는데, 므낫세가 장자일지라도, 그가 그의 두손을 지혜롭게행하였습니다.

472
48:15~16

그가 요셉을 축복하여 말했습니다. "나의 아버지들인 아브라함과 이삭 앞에서 스스로 동행하셨던 하나님들, 나를 오늘날까지 여전히 기르신 하나님들, 나를 모든 악에서 건진 천사가, 이 소년들을 축복하십니다. 내 이름과 내 아버지들 아브라함과 이삭의 이름이 그들에게 불려집니다. 그들이 이 땅의 중심에서 많이 번식합니다."

473
48:17

요셉이 자기 아버지가 그의 오른쪽의 손을 에브라임의 머리에 대는 것을 보았으며, 자기 두눈에 근심하였으며, 자기 아버지의 손을 에브라임의 머리에서 므낫세의 머리로 돌이키게 하려고, 그 손을 붙잡았습니다.

474
48:18~20

요셉이 자기 아버지에게 말했습니다. "나의 아버지! 그렇게 마십시오. 이자가 장자이니, 당신의 오른쪽손을 그의 머리에 놓으십시오!" 그의 아버지가 거절하였으며 말했습니다. "내가 안다. 내 아들아! 내가 안다. 그도 백성이 되며, 그도 커지지만, 진짜로는 그의 작은 형제가 그보다 커지며, 그의 자손이 충만한 민족들이 된다." 그가 그 날 그들을 축복하며 말하기를, "이스라엘이 너를 축복하여 말한다. '하나님들이 에브라임을 므낫세로 정하신다. 그분이 에브라임을 므낫세 앞에 정하셨다.'"라고 했습니다.

475
48:21~22

이스라엘이 요셉에게 말했습니다. "오! 나는 죽지만, 하나님들이 너희와 함께 계실 것이며, 너희를 너희 아버지들의 땅에 돌아가게하실 것이다. 내가 네게 네 형제들 위에 어깨 하나를 주었는데, 내가 아모리족속의 손에서 내 칼과 내 활로 가져온 것이다."

GENESIS

창세기

49장

476절~**490**절 [개역개정, KJV 49:1~49:33]

천국과 지옥의 예언 성취

49장

창세기

개역개정, KJV

476
49:1~2

야곱이 자기 아들들을 불렀으며 말했습니다. "너희는 모아져라! 내가 날들의 마지막에 너희에게 불려질 것을 너희에게 알게하려한다. 너희는 모여져라! 야곱의 아들들아! 들어라! 너희는 너희 아버지 이스라엘에게 들어라!

477
49:3~4

나의 장자 르우벤, 너는 나의 힘이며, 나의 세력의 처음이며, 높아짐의 넘쳐남이며, 강함의 넘쳐남이며, 물에서 끓음이며, 너는 남게하면 안된다. 네가 네 아버지의 동침자리에 올라왔으며, 그때부터 너는 시작하였으며 내 잠자리에 올라왔다.

478
49:5~7

시므온과 레위는 형제들이며, 그들의 홧김은 잔혹의 도구이다. 내 영혼은 그들의 모의에 들어가면 안된다. 내 영광은 그들의 총회에 함께하지 말라. 그들은 자기들의 진노로 남자를 죽였으며, 자기들의 의도대로 소떼를 말살시켰다. 그들의 진노가 저주받았는데, 그들의 적대감이 강하기 때문이다. 그것이 강팍하였기에, 내가 야곱에서 그들을 나누며, 이스라엘에서 그들을 흩어지게한다.

479

49:8~12

너 유다야! 네 형제들이 너를 찬양한다. 네 손이 너를 대적하는 자들의 목에 있기에, 네 아버지의 아들들이 네게 스스로 절한다. 유다는 물어뜯는 수사자의 새끼이다. 내 아들아! 너는 올라갔다. 그는 웅크렸다. 그는 수사자와 암사자같이 엎드렸다. 누가 그를 일어나게 하겠느냐? 지파가 유다에서 벗어버리지 않으며, 그의 양발 사이에서 규례지키는데, 마침내, 안식이 그에게 백성들의 추종을 가져들고오기 때문이다. 그가 자기 어린수나귀를 포도나무에, 자기 암나귀의 수새끼를 붉은포도나무에 가두며, 자기 예복을 포도주에 자기 두건을 포도원의 피에 빨래할 것이다. 두눈은 포도주로 총명스러우며, 두이는 우유로 희다.

480

49:13

스불론은 바다의 해변 곧 배들의 해변에 머무는데, 그의 지경은 시돈 곁이다.

481

49:14~15

잇사갈은 두이동짐 사이에 엎드린 통뼈같은 수나귀다. 그는 휴식처를 선한 것으로 땅을 아름다운 것으로 보고, 짐진 자기 어깨를 폈다. 그는 섬기는 노역자가 되었다.

482

49:16~18

단은 이스라엘의 지파 중의 하나로 자기 백성을 심판한다. 단은 말의 발꿈치를 무는 길가에 뱀, 길가에 맹독사가 된다. 그는 그것을 탄 자를 뒤로 떨어뜨렸다. 여호와여! 나는 당신의 구원을 바랄 것입니다.

483
👆 49:19

갓, 부대가 그를 추격하지만, 그는 발꿈치를 추격한다.

484
👆 49:20

아셀에서는, 그의 빵이 기름지며, 그는 왕의 진미들을 준다.

485
👆 49:21

납달리는 고운 소리를 내는, 보내어진 암사슴이다.

486
👆
49:22~26

다산하는 아들, 요셉은 샘 곁의 다산하는 아들이다. 딸들이 성벽 위를 걸어다닐 것이다. 화살의 당사자들이 그에게 고통 주었고, 쏘았으며, 그를 대적하였다. 그의 활이 견고하게 돌 아왔다. 야곱의 강한 자의 손들에서, 그의 손들의 팔들이 솟구쳤으며, 그곳에서 이스라엘의 돌을 길렀다. 너의 아버지의 하나님이 전능자들에게서 너를 도와, 위로 두하늘의 복들과 아래로 엎드리는 깊은 복과, 두유방의 복과 긍휼로 너를 축복 하신다. 너의 아버지의 복들이, 나를 잉태하는 복들보다 우세 하였으며, 마침내 영원의 작은산들의 경계가 요셉의 머리와 그의 형제들 중의 성별된 자의 이마땅에댐이 된다.

487
👆
49:27

베냐민은 늑대다. 그는 물어뜯는다. 아침에는 영원한보석을 먹고, 저녁에는 탈취물을 나눈다."

488
👆
49:28

이들 모두는 이스라엘의 12지파들입니다. 이렇게 그들의 아버지가 그들에게 얘기하였으며, 그들을 각각 축복하였는데, 그들을 자기들의 복으로 축복한 것입니다.

489

☞

49:29~32

그가 그들에게 명령하였으며 그들에게 말했습니다. "내가 나의 백성에게 모아지니, 너희는 헷 에브론의 들에 있는 굴에, 나의 아버지들에게 나를 장사하라! 매장지의 소유권자 헷 에브론에게서, 아브라함이 들을 산, 가나안의 땅 마므레 앞에 있는 막벨라의 들에 있는 굴, 그곳으로 아브라함 그리고 그 여자 사라가 장사되었으며, 그곳으로 이삭 그리고 그 여자 리브가가 장사되었으며, 그곳으로 내가 레아를 장사하였다. 거기 있는 들과 굴을, 헷의 아들들에게서 소유한 것이다."

490

☞

49:33

야곱이 자기 아들들에게 명령하기를 마쳤으며, 자기 양발을 침상에 모았으며, 숨끊어졌으며, 자기 백성들에게 모아졌습니다.

• 전무후무한 성경 •

GENESIS

• 세계 최초 1:1 대응 번역 •

창세기

50장

491절~500절 [개역개정, KJV 50:1~50:26]

천국을 소망하는 마음

50장
창세기

개역개정, KJV

491
50:1~3

요셉이 자기 아버지의 얼굴에 엎드렸으며, 그 위에서 울었으며, 그에게 입맞추었습니다. 요셉이 자기 남종들인 치료하는 자들에게, 자기 아버지를 방부처리하라고 명령하였습니다. 치료하는 자들이 이스라엘을 방부처리하였습니다. 그들이 그에게 40일을 채웠는데, 방부처리하는 기간을 그렇게 채우는 것입니다. 애굽이 그에게 70일을 울었습니다.

492
50:4~5

그의 애곡의 기간이 지나갔습니다. 요셉이 바로의 집에 얘기하여 말하기를, "바라건대, 만약 내가 너희의 두눈에 은혜를 얻었다면, 바라건대, 너희는 바로의 귀들에 얘기하여 말하라! '나의 아버지가 내게 맹세하게하여 말씀하시기를, "오! 내가 죽으면, 너는 내가 가나안의 땅에 나를 위해 파낸 나의 매장지 그곳에서 나를 장사한다!"고 하셨습니다. 바라건대, 지금 내가 올라가 내 아버지를 장사하고 돌아오려합니다.'"라고 했습니다.

493
👆
50:6

바로가 말했습니다. "그가 네게 맹세하게한 대로, 너는 올라가라! 네 아버지를 장사하라!"

494
👆
50:7~9

요셉이 자기 아버지를 장사하러 올라가게했습니다. 바로의 모든 남종들과 그의 집의 노년들과 애굽의 땅의 모든 노년들과 요셉의 모든 집과 그의 아버지의 집의 자기 형제들이 그와 올라갔습니다. 단지 그들의 식구와 그들의 양염소떼와 그들의 소떼는 고센의 땅에 버려두었습니다. 그는 자기와 함께 병거도 마병들도 올라가게했으며, 그 진영이 매우 엄청났습니다.

495
👆
50:10~11

그들이 요단의 건너편에 있는 아닷의 타작마당까지 왔으며, 그곳에서 매우 엄청난 큰 슬픔으로 슬퍼하였습니다. 그는 7일을 자기 아버지에게 애곡을 행하였습니다. 그 땅에 거하는 가나안족속이 아닷의 타작마당에서 애곡을 보았으며 말했습니다. "이것은 애굽에 엄청난 애곡이다." 그렇게해서, 그 이름이 요단의 건너편에 있는 아벨-미스라임이라 불렸습니다.

496
👆
50:12~14

그의 아들들은 그가 자기들에게 명령한 대로 그렇게 그에게 행하였습니다. 그의 아들들이 가나안의 땅으로 그를 태웠으며, 막벨라의 들의 굴에 그를 장사하였는데, 아브라함이 마므레 앞에 헷족속 에브론에게서의 매장지를 소유한 들을 산 것입니다. 요셉이 자기 아버지를 장사한 후에, 그는 자기 형제들 및 자기 아버지를 장사하려고 자기와 올라간 모든 자들과 애굽으로 돌아왔습니다.

497

50:15~17

요셉의 형제들은 자기들의 아버지가 죽은 것을 보았으며 말하기를, "그렇다면 요셉이 우리를 대적하여, 우리가 그에게 넘겨지운 모든 악을 우리에게 돌아오게하고 돌아오게한다."라고 하였습니다. 그들이 요셉에게 말하기를, "너의 아버지가 자신의 죽음에 앞서 말씀하기를, '너희는 이와같이 요셉에게 말하라. "고하는데! 너의 형제들이 너에게 악을 넘겨지웠을지라도, 바라건대, 너는 너의 형제들의 범죄와 그들의 죄를 감당하라!"'라고 명령하셨다. 지금, 바라건대, 너의 아버지의 하나님들의 남종들의 범죄를 감당하라!"라고 명령했습니다. 요셉은 그들이 자기에게 얘기하는데 울었습니다.

498

50:18~21

그의 형제들이 다시 왔으며, 그 앞에 엎드려 말했습니다. "우리가 여기 있습니다. 당신에게 종들입니다." 요셉이 그들에게 말했습니다. "당신들은 두려워하면 안됩니다. 내가 하나님들을 대신하겠습니까? 당신들은 나에 대해 악을 도모하였으나, 하나님들은 선을 도모하셨는데, 오늘날 많은 백성을 살게 하도록 행하시기 위함이었습니다. 지금 당신들은 두려워하면 안됩니다. 내가 당신들 그리고 당신들의 식구를 봉양합니다." 그는 그들을 위로하였으며, 그들의 마음에 얘기하였습니다.

499

50:22~23

요셉, 그와 그의 아버지의 집은 애굽에 거하였습니다. 요셉은 110년을 살았습니다. 요셉은 에브라임에서 삼대의 아들들을 보았으며, 므낫세의 아들인 마길의 아들들도 요셉의 무릎 위에 낳아졌습니다.

500
👆
50:24~26

요셉이 자기 형제들에게 말했습니다. "나는 죽으나, 하나님들이 너희를 계수하시고 계수하셔서, 너희를 이 땅에서 아브라함, 이삭과 야곱에게 맹세되신 땅에 올라가게하실 것이다." 요셉이 이스라엘의 아들들에게 맹세하게하여 말했습니다. "하나님들이 너희를 계수하고 계수하실 것이며, 너희는 이곳에서 내 뼈들을 올라가게할 것이다." 110년의 아들 요셉이 죽었습니다. 그들이 그에게 방부처리하였습니다. 그는 애굽에서 궤에 집어넣어졌습니다.

마침말

개역한글이나 개역개정은,
히브리 본문으로 BHK 및 BHS를 사용한 반면,
(BHS : Biblia Hebraica Stuttgartensia)

박경호히브리어번역성경 창세기는,
히브리 본문으로 전통 벤카임마소라본문을 사용합니다.
(제2대 랍비성경, Ben Chayyim Masoretic Text, 1524~25)

물론, 벤카임마소라본문은 킹제임스성경의 원문입니다.

과연,
두 사본 간에 어떤 차이가 있나요?
저는,
두 사본 간의 차이를 알지 못합니다.

그런데 왜?
BHS를 사용하지 않고,
벤카임마소라본문을 사용합니까?

그 이유는,
제가 킹제임스성경으로 창세기부터 말라기까지
구약 강해를 진행하는 과정에서,
특히 선지서에서,
개역한글이나 개역개정으로는
도저히 해석이 불가능한 구절이라도,
킹제임스성경으로는, 성경이 명확하게 이해되어졌는데,

그 이유는,
킹제임스성경의 영어의 우수성으로 이해하기보다는,
킹제임스성경의 구약 원문인,
벤카임마소라본문의 탁월함에
근거한다고 결론 내렸기 때문입니다.

물론, 제 개인 경험이기에 증명의 방법은 없지만,
"박경호히브리어번역성경 창세기의 우수성"이
사본을 바르게 선택했다는,
제 개인적인 확신을 증명합니다.

전무후무한 성경 · 마침말

[박경호헬라어번역성경]과 같은 방식으로,
인간이라면 아무도 할 수 없으며!
시도조차 할 수 없는!
[창세기부터 말라기까지]
히브리어 한 단어를 새롭게 사전적 정의를 내리고,
한글 한 단어를 선정하고
모든 문장에서 고정적으로 매칭 시키는,
1:1 대응으로, 직역하였기에,
[전무후무한 성경]이란 부제목을 달았습니다.

KJV 및 개역개정의 수 만개의 오번역이 수정된 이 책은,
분명 예수님의 작품입니다!

2022년 08월 15일

[4GospelChurch 담임목사]
[히브리어&헬라어 번역원 원장] 박경호

이 책은,
예수님의
작품
입니다!

창세기

초 판 1쇄 발행 2022년 09월 30일

역 자 박경호
펴낸이 유애영
펴낸곳 히브리어&헬라어 번역 출판사
디자인 주식회사 북모아
인쇄처 주식회사 북모아

출판등록번호 제2020-000143호
전 화 010-3090-8419
주 소 서울특별시 서초구 본마을길 55-1 지하 1층
팩 스 070-4090-8419

ISBN 979-11-972349-5-8

가 격 150,000원